Chauffage au bois

Choisir un appareil performant et bien l'utiliser

L'**Itebe**, Institut des bioénergies, est intervenu dans la publication de cet ouvrage en tant qu'expert.
Créé en 1997, l'Itebe est une association professionnelle française et internationale qui intervient comme outil de promotion et de soutien pour les acteurs des filières bioénergies. Elle propose un centre de ressources documentaires et des informations sur les marchés des bioénergies. Elle anime également des programmes nationaux et internationaux de développement et organise des formations pour les acteurs de la filière.

Itebe, 28 boulevard Gambetta, BP 30149, 39004 Lons-le-Saunier Cedex
Tél. 03 84 47 81 00 - fax : 03 84 47 81 19
www.itebe.org

Depuis 1979, **Terre vivante** vous fait partager ses expériences en matière d'écologie pratique au quotidien : jardinage biologique, alimentation saine, bien-être, santé, habitat écologique... à travers :

- l'édition de livres pratiques,
- le magazine *Les 4 Saisons du jardin bio*,
- un centre écologique de démonstrations et d'expérimentations ouvert au public en Isère.

Le catalogue des ouvrages publiés par Terre vivante est disponible sur simple demande et sur internet.

Terre vivante, domaine de Raud, 38710 Mens
Tél. : 04 76 34 80 80 - fax : 04 76 34 84 02
Email : info@terrevivante.org
www.terrevivante.org, le portail de l'écologie pratique.

Emmanuel Carcano

Chauffage au bois

Choisir un appareil performant et bien l'utiliser

terre vivante

Conception graphique et réalisation : manipages
Couverture : manipages
Illustrations : Frédéric Claveau – Authentic
Photographies : Emmanuel Carcano, sauf :
Sun Orbiter/Fotolia 5, 7, 115 – Jeff Chevrier/iStockphoto 8 – Joe Gough/Jeff Chevrier/iStockphoto 10 – Laurent Gehant/Fotolia 12 – Musée de Clamecy 13 – Nico Armbrust/Fotolia 18 – Dumitrescu Ciprian-Florin/Fotolia 20 – Valery Kirsanov/Fotolia 21 – Patrick Blanc 23, 39, 43, 57, 68, 69, 85, 103, 104, 107, 121, 128, 134, 138, 139 – Urbanhearts/Fotolia 37 – Purplevine/Fotolia 38, 51 – Michalis Palis/Fotolia 42 – Richard Talut/Fotolia 44 – Zauberhut/Fotolia 46 – Mathieu Auchee/Fotolia 47 – Galam/Fotolia 50, 140 – Jean-Jacques Raynal 45, 52, 62, 98 – Bricafeu 54 – Rolle/Rea/Iconos 54 – Fotor/Fotolia 58 – Monika Zemlik/Fotolia 59 – Mélissa Bradette/Fotolia 64 – Ruegg 74, 75, 78 – Rotary A.R.C.O. 77 – Fotografiche/Fotolia 79 – H.S. France 80, 84 – Pucci Raf/Fotolia 88, 147 – SyB/Fotolia 94 – GCMTT/Fotolia 100 – Dominique Luzy/Fotolia 102, 147 – Gaillard/Rea/Iconos 118 – Scott Slattery/Fotolia 129 – Joe Gough/iStockphoto 143

Isbn : 978-2-914717-48-9

Remerciements

À celles et ceux qui ont permis la rédaction de cet ouvrage, notamment toutes les personnes qui ont accepté de témoigner pour la dernière partie en fournissant des chiffres, des récits d'expérience, des impressions, des conseils.

sommaire

Introduction

La meilleure énergie est celle que l'on ne consomme pas. Mais, parmi celles que l'on consomme malgré tout, le bois est, avec le soleil, la plus intéressante, la plus accessible, la plus pertinente face aux énergies fossiles et nucléaire.

Le chauffage au bois est écologique, car neutre pour l'effet de serre, du fait de la captation du carbone par les forêts durant leur croissance. Écologique pour peu que l'on utilise correctement un appareil efficace et qu'on le nourrisse de bois sec – ou de granulés ou de plaquettes de bonne qualité. Nous aurons l'occasion de voir que cela n'est pas si évident et que la France a du retard en la matière par rapport à ses voisins scandinaves et germanophones.

La combustion du bois est un phénomène relativement complexe. Elle est polluante si elle est incomplète. En France, où le rendement moyen des six millions d'appareils de chauffage au bois utilisés demeure assez faible, la combustion pourrait être bien meilleure, ce qui explique que nous ayons consacré une partie conséquente de l'ouvrage à ces problèmes, car c'est l'avenir de ce mode de chauffage qui est en jeu. Si ce livre parvient à vous sensibiliser à ces questions, vous qui envisagez de vous chauffer au bois – ou qui avez déjà franchi le cap, depuis peu ou depuis toujours –, alors tant mieux.

L'offre d'appareils performants, esthétiques, à des prix variés, est très riche aujourd'hui. Qu'il s'agisse de poêles à bûches, à granulés, de poêles bouilleurs, d'inserts, de foyers fermés ou de chaudières. Crédit d'impôt aidant – et malgré une certaine inflation des prix –, on trouve aisément « chaussure à son pied » – ou plutôt on découvre facilement un appareil qui nous plaît. De là à dire qu'il est adapté à nos besoins, c'est une autre affaire. Par « besoins », j'entends mode de vie, sensation de confort thermique (forcément subjective), contexte géographique, nature du bâti, amortissement du surcoût. C'est pour vous aider dans votre choix que nous proposons à la fin de cet ouvrage des récits d'expérience. Ces descriptifs ne sont pas des recettes et ne peuvent donc être pris pour argent comptant, mais ils ont été choisis pour vous aider à prendre les bonnes décisions.

Nous aurons au préalable pris le temps de parler des différents combustibles, du bon usage d'un poêle et dudit combustible, de normes, de rendements, de combustion, d'allumage de feu, bref, de tout ce qui nous a paru utile, non seulement pour acheter ou renouveler un appareil, mais également pour s'en servir correctement, ce qui n'est pas si évident.

Il n'y a *a priori* rien de plus simple que de faire une flambée dans un insert ou dans un poêle, ou que le fonctionnement automatisé d'un poêle à granulés ou d'une chaudière. Ramasser une brassée de bois, rien de plus facile non plus. Mais faire en sorte que celui-ci soit bien sec au moment où l'on glisse une bûche dans le foyer, voilà qui n'est pas si aisé. De la même manière qu'il n'est pas si évident de reconnaître un bon bois de chauffage avant de se le faire livrer.

Bref : moyen ancestral et bon marché pour passer l'hiver dans de bonnes conditions, le chauffage au bois est bien plus complexe qu'il n'y paraît. C'est ce qui le rend d'ailleurs si séduisant et intéressant. J'espère que vous en serez convaincu en arrivant à la fin de ce livre. Si ce n'est pas déjà le cas...

Les mots signalés par un astérisque(*) sont définis dans le glossaire, page 143.

Un chauffage écologique ?

1 Un mode de chauffage en vogue

2 Attention aux polluants !

3 Pour se chauffer en toute sécurité

4 Crédit d'impôt et autres aides

Un mode de chauffage en vogue

Une histoire ancienne

Souvenez-vous de cet homme préhistorique qui, dans le film de Jean-Jacques Annaud *La Guerre du feu*, exulte lorsqu'il maîtrise enfin une pauvre petite flamme. Quelques milliers d'années plus tard, j'aime voir le sourire de mon fils de sept ans lorsqu'il gratte sa première allumette pour allumer le feu dans notre poêle à bois, fier de cette responsabilité, conscient du plaisir que procure cette source de chaleur ainsi que de son importance.

Longtemps après être sortis de leurs cavernes, les hommes se rassemblaient auprès d'une cheminée pour se chauffer. Ils ont ensuite fabriqué des poêles à bois en faïence, comme en attestent les fragments de faïence trouvés sur les sites de fouilles. Ces poêles remonteraient au Moyen Âge : ils étaient réservés aux gens de cour et aux classes supérieures des villes, tandis que les gueux se gelaient au coin d'un âtre au rendement très aléatoire. Ce n'est qu'aux XVIIe et XVIIIe siècles que les poêles commencent à apparaître dans les maisons paysannes. Le poêle en fonte s'impose aux XVIIIe et XIXe siècles. En France, Jean-Baptiste Godin a l'idée de substituer un poêle en fonte émaillée au traditionnel poêle en tôle, inventé par Benjamin Franklin.

Quand le Morvan flottait ses bûches vers Paris...

Au XVIe siècle, Paris manquait de bois pour se chauffer. Du coup, les Morvandiaux commencèrent à exploiter les 50 000 hectares de leurs forêts et, grâce à un ingénieux système de flottage associé à des lâchers d'eau, à guider les billes* de bois de rivière en rivière jusqu'à la Seine, puis vers la capitale. Chaque « train de bûches » était marqué par son propriétaire. Lorsque tous les « trains » arrivaient à Paris, chaque propriétaire devait retrouver « ses petits » ! L'activité a perduré jusqu'au XXe siècle, faisant vivre des centaines de personnes, dont le flotteur, personne qui guidait le train de bûches, lequel pouvait représenter 200 m^3.

Flottage des bois du Morvan depuis Clamecy vers Paris.

En Scandinavie, les tout premiers poêles étaient faits d'argile, de tuiles et de brique. Ils n'étaient pas reliés à une cheminée, mais placés contre un mur, à l'intérieur de la maison, et un trou était percé dans celui-ci de manière à laisser la fumée s'échapper vers l'extérieur.

Les appareils vont peu à peu se moderniser et le chauffage au bois s'imposer, jusqu'à ce que le charbon prenne le relais, au début du XIXe siècle – notamment en milieu urbain, où les boulets sont plus faciles à stocker et à utiliser que les bûches. Le bois est relégué dans les campagnes, où les paysans sont les principaux utilisateurs de ce mode de chauffage, jusqu'à il y a encore peu de temps. D'ailleurs, si la consommation de bois de chauffage a décrû dans les années 70 et au début des années 80, c'est en partie dû à la baisse du nombre d'agriculteurs, grands consommateurs de bûches pour chauffer leurs bâtisses.

Dix années de progression

Le chauffage au bois est aujourd'hui de moins en moins considéré comme un chauffage d'antan : bien au contraire, il figure en bonne place dans tous les magazines de déco. De 1996 à 2006, les ventes d'appareils de chauffage sont passées de 234 200 à 529 115 ! Une progression liée au renouvellement des appareils et à un engouement pour ce type de chauffage, le tout soutenu par le crédit d'impôt et des aides des collectivités territoriales. Le nombre de chaudières a ainsi doublé entre 2004 et 2005, passant de 8 600 à 17 665. En 2006, il s'est vendu 245 000 foyers fermés et inserts, 180 000 poêles, 20 000 chaudières et 10 500 cuisinières. Mais les premières estimations pour 2007 font apparaître, selon le Ser (Syndicat des énergies renouvelables), un net recul des ventes : - 12 % pour les foyers fermés, les inserts et les poêles, - 30 % pour les chaudières, - 25 % pour les cuisinières, soit un recul de 14 % en moyenne pour tous les appareils. Ces chiffres sont à prendre avec du recul, car ils semblent constituer un épiphénomène dans l'évolution des ventes d'appareils de chauffage au bois depuis plusieurs années. Les foyers français sont plutôt bien équipés en la matière, et cela explique peut-être le tassement de la consommation. Notons par ailleurs que l'année 2006 fut exceptionnelle pour le commerce d'appareils de chauffage au bois (voir tableau ci-contre), ce qui incite également à relativiser cette chute apparente. Cependant, les données concernant l'année 2007 ne sont pas inintéressantes. Ainsi, les poêles à granulés ont particulièrement souffert, avec une baisse estimée de 30 à 40 %. Cette baisse serait essentiellement liée à un défaut de professionnalisation des différents chaînons : qualité du combustible inégale, appareils pas toujours fiables techniquement, nombreux problèmes de service après-vente. L'Italie, championne d'Europe de la vente de poêles à granulés, a connu en 2007 le même revers, tout comme l'Allemagne.

Quant aux cheminées, nous les avons volontairement laissées de côté, car l'on ne peut pas considérer qu'un foyer ouvert soit un appareil de chauffage digne de ce nom.

Dans l'habitat individuel, on trouve aujourd'hui à peu près 6 millions d'appareils de chauffage (poêles, chaudières, inserts, cheminées, etc.), souvent associés à une autre source d'énergie telle que l'électricité. Cela représente tout de même près d'un ménage sur deux dans l'habitat individuel. Ces trente dernières années, la consommation moyenne de bois bûche par appareil (ou par logement) est restée quasiment identique : autour de 9 stères, avec des variations annuelles plus ou moins fortes. Cela recouvre des situations très diverses, allant de la maison neuve à faible consommation énergétique qui n'absorbe que quelques stères, jusqu'à la ferme, qui en consomme plus d'une vingtaine par an pour chauffer de grands volumes.

Appareils de chauffage au bois (ventes annuelles)	1996	1999	2001	2004	2005	2006	2007 (estimations)	Évolution 2007/2006
Foyers fermés, inserts	171500	187650	209400	221800	253400	281565	245000	- 12 %
Poêles	54000	48250	64700	83000	127075	205500	180000	- 12 %
Chaudières	8700	8350	8840	8600	17665	28400	20000	- 30 %
Cuisinières		2100	2800	10480	10715	13650	10500	- 25 %
Total	234200	246350	282940	323880	408855	529115	455000	- 14 %

Sources : Ademe, Ser, Observer.

Répartition des appareils de chauffage pour l'année 2001
(source : Cerem)

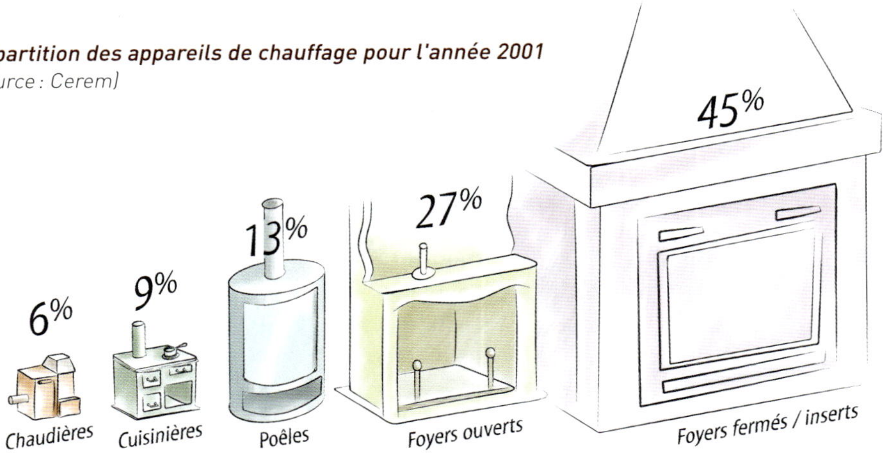

Note : Il n'existe pas de chiffres plus récents sur cette répartition.

Un contexte favorable

En fait, l'engouement pour les poêles et appareils de chauffage autres que les cheminées ouvertes ou fermées est relativement récent et ne date que de quelques années seulement. Les explications sont multiples. À la fin des années 90 et dans le courant des années 2000, l'augmentation des autres énergies (électrique, fioul, gaz) remet le chauffage au bois au goût du jour. Il faut dire que les constructeurs ont fait de sérieux progrès et proposent des appareils de plus en plus performants, aux rendements supérieurs à 70 %, sans parler de l'apparition des poêles et chaudières à granulés.

La hausse du prix des énergies fossiles et du kWh électrique, mais également la tempête de 1999, qui a mis à terre une énorme quantité de bois de chauffage, sont à mettre au crédit de ce renouveau.

Les systèmes de chauffage central évoluent aussi. Toujours pour les mêmes raisons, nombreux sont celles et ceux qui remplacent des chaudières au fioul vieillissantes par des chaudières à granulés – plus rarement à plaquettes. Nous aurons l'occasion de revenir sur ce point. L'installation des chaufferies collectives a pareillement connu une croissance importante ces dernières années, avec une augmentation régulière de 13 % par an en moyenne depuis l'an 2000. Ces chaufferies, de plus ou moins grande importance, permettent d'alimenter un réseau de chaleur dans un village (logements communaux, école, mairie, par exemple) ou un parc de logements HLM, tels que ceux de Vénissieux, dans le Rhône. Dans la région Rhône-Alpes, le nombre de ces installations est passé de 41 en 2000 à 285 en 2004.

Équivalence tarifs kW/énergie

Pour obtenir l'équivalent énergétique de 1 000 kW électriques, on a besoin d'un stère de bûches, de 100 l de fioul ou de 220 kg de granulés en sacs. Mais le coût n'est évidemment pas le même :

Combustibles	Équivalence	Prix/1 000 kWh
Plaquettes	300 kg	30 €
Bûches (100 cm)	1 st	37 €
Granulés en vrac	220 kg	42 €
Gaz naturel	88 kg	55 €
Granulés en sacs	220 kg	58 €
Fioul	100 l	65 €
Propane	78 l	97 €
Électricité	1 000 kW	110 €

Source : Ademe.

♦ *Petit poêle scandinave en fonte, double combustion, dans une maison de village.*

Attention aux polluants !

Un bilan neutre pour l'effet de serre

Contrairement au fioul, au charbon, au gaz ou à l'électricité nucléaire (si l'on prend en compte la question du retraitement des déchets radioactifs), le bilan carbone du bois est nul. En effet, durant sa croissance, l'arbre absorbe et stocke une quantité importante de CO_2, qu'il libère lorsqu'il meurt, lorsqu'il pourrit, ou qu'il brûle, ou bien qu'il continue à stocker lorsqu'il est utilisé dans la construction bois. Le CO_2 libéré est à nouveau réabsorbé par la végétation lors de la photosynthèse (voir dessin ci-contre). L'impact du chauffage au bois pour l'effet de serre est donc neutre, ce qui en fait une source d'énergie durable, à condition de traiter sérieusement les problèmes d'émission de polluants liés à ce mode de chauffage.

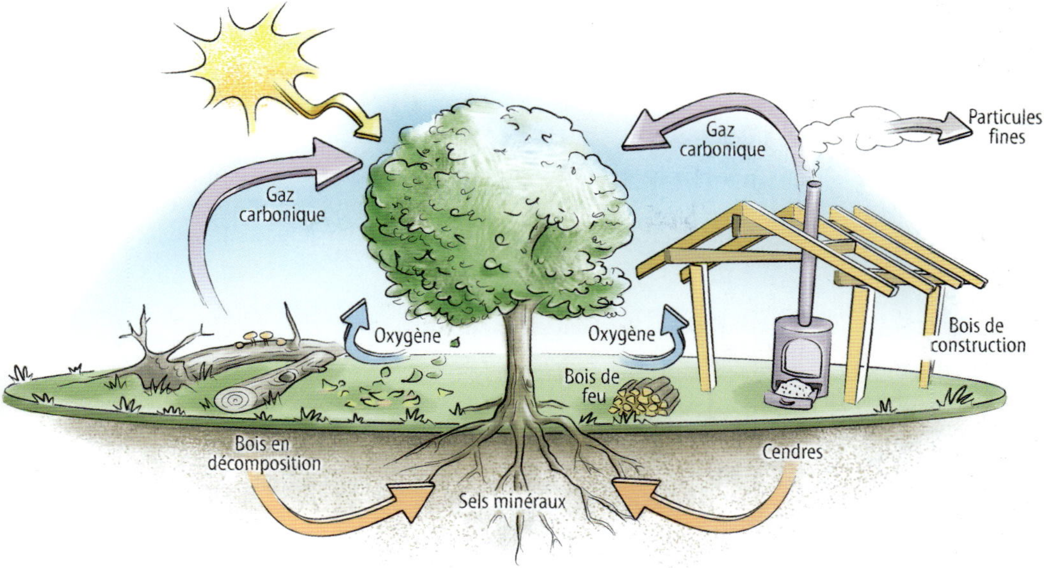

Des émissions polluantes

Car le bois, lorsqu'il brûle, libère un certain nombre de polluants (voir tableau p. 20). En effet, si, en théorie, le bois ne relâche que du dioxyde de carbone (CO_2) et de l'eau (H_2O), en pratique, si la combustion n'est pas parfaite, il libère également un certain nombre d'autres composés. D'abord, une première famille de polluants constitués de composés organiques volatils (COV), d'hydrocarbures aromatiques polycycliques (HAP), d'imbrûlés solides (suies, goudrons), de dioxines et furannes, de monoxyde de carbone (CO). Les suies et goudrons se collent sur les parois intérieures des cheminées et des conduits métalliques (ils sont d'ailleurs souvent à l'origine des feux de cheminée). Les COV, les HAP et le CO, issus d'une combustion incomplète, se retrouvent dans la nature.

La deuxième famille de polluants regroupe les poussières – des particules très fines classées en fonction de leur taille (exprimée en microns) –, mélange complexe de particules solides et liquides. On les dénomme PM (« particulate matter », en anglais ; « particules fines », en français) et on distingue les PM10 (taille inférieure à 10 microns, soit six fois moins que l'épaisseur d'un cheveu), les PM2,5 et les PM1. Les particules les plus fines

(PM2,5 et PM1) ne sont pas retenues dans les narines et la gorge, mais pénètrent profondément jusqu'aux poumons, puis dans le sang. L'exposition régulière à ces particules augmente les risques sanitaires, un peu comme le tabagisme passif.

Les effets des contaminants sur la santé	
Contaminants	**Effets**
Monoxyde de carbone CO	Maux de tête, nausées, étourdissements.
Composés organiques volatils COV (formaldéhyde)	Irritations et maux respiratoires. Certains COV tels que le benzène sont cancérigènes.
Particules fines PM1, PM2,5, PM10	Irritation des voies pulmonaires, aggravation des maladies cardio-respiratoires.
Oxydes d'azote NOx	Irritation du système respiratoire, douleur à l'inspiration, toux, œdème pulmonaire.
Hydrocarbures aromatiques polycycliques HAP	Certains HAP pourraient être cancérigènes.
Dioxines et furannes	Cancérigènes probables.

Source : Direction de la santé publique de Montréal-Centre.

Vrais polluants, faux débat

Les sources principales d'émission de ces particules sont : l'industrie, les transports, les installations de chauffage et l'agriculture. Du coup, il est très difficile d'identifier dans l'atmosphère les polluants attribuables au chauffage au bois. Les autorités suisses estiment qu'environ 16 % des poussières émises en Suisse sont attribuables à la combustion du bois (la moitié à cause du chauffage au bois, l'autre à cause des feux de broussailles). Des campagnes d'échantillonnage réalisées

← Une fumée peu visible, ou relativement claire, indique plutôt une bonne combustion. Des fumées très grises, voire noires, indiquent le contraire (bois humide, tirage mal réglé).

à Montréal par le ministère de l'Environnement durant l'hiver 1998-1999 ont montré l'influence du chauffage au bois sur les concentrations en HAP et en COV dans l'atmosphère, notamment en soirée et le week-end. Au Québec, le chauffage au bois résidentiel serait responsable de la moitié des émissions de particules fines provenant des activités humaines, selon la Direction de la santé publique de Montréal-Centre.

↑ *Les feux de broussailles dans les jardins représentent une très grosse source de pollution. Selon certains scientifiques, ces feux représenteraient 90 % de la pollution due au bois-énergie sur l'agglomération grenobloise. Ces feux sont d'ailleurs réglementés d'une commune à l'autre.*

En France, les quelques études rendues publiques confirment cette réalité. Certains articles alarmistes dans la presse généraliste ont relancé le débat sur la pollution due au chauffage au bois. Problème : la plupart des études sont basées sur des modélisations et non sur des chiffres d'émission validés. En d'autres termes, on amalgame tous les types d'appareils de chauffage au bois et l'on en tire une conclusion sans appel : le chauffage au bois n'est pas si écologique que cela, et il ne vaut pas mieux que d'autres modes de chauffage...

Soyons clair : un vieux poêle affichant un rendement de 50 % pollue considérablement, d'autant plus s'il brûle du bois humide (voir chapitre sur les combustibles, p. 42). En valeur absolue, la combustion du bois émet plus de particules que celle du pétrole. Mais les volumes consumés n'ont évidemment rien à voir, puisque l'on consomme beaucoup plus de pétrole que de bois pour se chauffer !

En outre, les appareils récents, de même que les chauffages au bois automatisés (chaudières à granulés, à plaquettes), affichent, eux, des valeurs d'émission de particules très faibles (< 20 mg/m^3). Les industriels les plus en pointe en Europe savent fabriquer des poêles émettant peu de particules. Ce qui pose problème, c'est essentiellement un parc d'appareils de chauffage vétustes, peu performants, et donc dangereux pour la santé publique, ainsi que la qualité du combustible que l'on utilise pour son appareil de chauffage (granulés de plus ou moins bonne qualité, bois plus ou moins sec).

Des études incomplètes

On sait que le chauffage au bois « ancienne génération » pollue. Mais dans quelle mesure, c'est impossible aujourd'hui à évaluer en France. Des comparaisons ont été faites avec, par exemple, des voitures roulant au diesel. Ainsi, selon Environnement Canada, un poêle à bois non certifié (par un organisme de contrôle vérifiant les émissions) émet autant de particules fines dans l'atmosphère en neuf heures qu'un poêle certifié fonctionnant soixante heures ou une automobile parcourant 18 000 km en un an.

Une étude à Méaudre (Isère), de l'INERIS (Institut national de l'environnement industriel et des risques), suivie de prélèvements hebdomadaires de l'ASCOPARG (Surveillance de la qualité de l'air dans l'agglomération grenobloise) fin 2004-début 2005 a montré l'incidence non négligeable du chauffage au bois dans les concentrations de HAP observées. Dans le cadre du programme POVA (pollution des vallées alpines), la contribution de la combustion de bois avait été estimée entre 10 et 20 % des PM10 dans l'air ambiant des vallées alpines, selon les sites.

Mais une étude du CSTB (Centre scientifique et technique du bâtiment) explique que « la bibliographie ne permet pas de caractériser la contribution de la combustion de bois à la pollution ».

Bref, difficile d'y voir clair. Une seule certitude : le chauffage au bois pollue, plus ou moins, et il faut sérieusement s'attaquer aux causes de cette pollution.

Les vieux appareils : à la casse !

Plutôt que de tirer à boulets rouges sur le chauffage au bois, il vaudrait mieux engager une vraie campagne d'information et de sensibilisation, pour inciter les propriétaires de vieux appareils à les renouveler (c'est déjà le cas grâce à différentes aides, dont le crédit d'impôt) et à utiliser correctement leurs appareils – notamment les appareils dits « indépendants », tels que les poêles, inserts, cuisinières et foyers fermés.

Au Canada, le gouvernement a lancé des campagnes de sensibilisation afin de diminuer les émissions liées au chauffage au bois : remplacement des appareils anciens, encouragement à ne pas utiliser ce mode de chauffage en chauffage principal ou en

♠ *Les cheminées à foyer ouvert sont à éviter, en raison de leurs piètres performances au regard de la pollution qu'elles génèrent.*

cas d'avertissement d'épisodes de pollution. Dans certaines villes, les autorités vont encore plus loin, puisqu'elles interdisent carrément le chauffage au bois lors des phénomènes de smog liés à des inversions de température : c'est le cas à Whitehorse, dans le Yukon, ainsi que dans certaines villes des États-Unis comme Albuquerque, au Nouveau-Mexique.

En Allemagne, l'Agence fédérale de l'environnement a émis un certain nombre de recommandations et a publié un guide à l'attention des particuliers, dans lequel elle préconise de se débarrasser des vieux foyers, de choisir le bon combustible (granulés de bois ou bois parfaitement sec), de bien faire fonctionner son installation et de l'entretenir régulièrement – au minimum avant chaque période de chauffe. Il faut également que les fabricants poursuivent leurs efforts en proposant des appareils de plus en plus propres et en nous informant sur leurs valeurs d'émission de particules, ainsi que sur la façon de les utiliser de la manière la plus pertinente qui soit. Mais, d'un pays à l'autre, les protocoles de tests ne sont pas les mêmes, d'où l'importance d'aboutir à une norme applicable par tous et lisible pour le consommateur.

L'Union européenne travaille sur le sujet, avec la volonté d'aboutir rapidement, dès la fin de l'année 2008. Certains pays européens ont pris les devants et imposent déjà des seuils de poussières fines à ne pas dépasser – essentiellement pour les PM10. Comme ces particules sont parmi les plus grosses, la législation vaut par extension pour les plus fines (PM2,5 et PM1).

Des solutions pour moins polluer

Pour obtenir une combustion complète, trois conditions simultanées doivent être réunies : une température élevée, suffisamment d'oxygène (air) ainsi que de temps pour que les gaz de combustion brûlent avant leur refroidissement. Il existe un système permettant d'améliorer cette combustion : c'est le catalyseur. Situé dans une chambre de combustion, derrière le foyer du poêle à bois, il consiste en une structure alvéolée à revêtement en céramique à travers laquelle sont acheminés les gaz d'évacuation, qui sont « rebrûlés » au passage. Ce dispositif assure donc aux appareils catalytiques une combustion plus complète et plus propre tout en fonctionnant à un régime de combustion lente. La catalyse réduit les particules fines, mais pas les HAP. Le rendement du catalyseur se détériore au fil du temps, ce qui se traduit par une augmentation des émissions. Il faut donc le

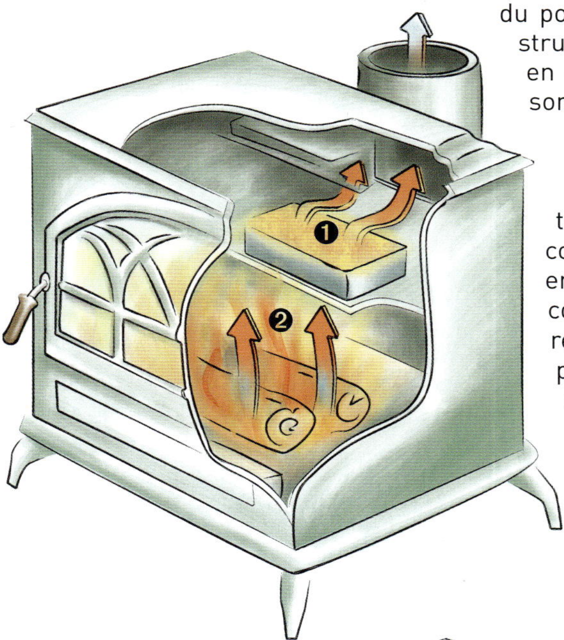

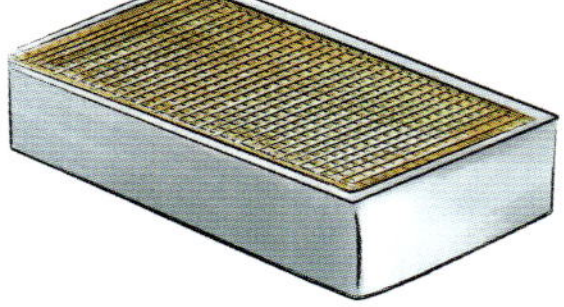

Le catalyseur

Le catalyseur ❶ est placé en partie haute du poêle et filtre en partie les fumées ❷, même à basses températures.

remplacer de temps à autre (au bout de cinq mille heures en moyenne). En outre, les poêles à catalyse émettent davantage de particules en début et en fin de combustion qu'un poêle classique, car le catalyseur n'est pas assez chaud.

Autre option, plus récente : le filtre à particules. Grâce à ce filtre électrostatique placé dans le tuyau d'évacuation des fumées, les particules fines sont agglomérées contre les parois et tombent au fond du poêle lors du ramonage, avec les cendres. Un seul produit, le filtre Zumik®on, était diffusé en France début 2008, au prix de 1 400 €. Un coût élevé lié à la faiblesse des volumes écoulés. Selon le vendeur, ce filtre est capable d'éliminer entre 60 % et 90 % des particules fines issues de la combustion du bois. Il fonctionne avec une alimentation électrique dont la consommation est négligeable. Son avantage est qu'il peut être installé sur tout type d'appareils, notamment ceux d'ancienne génération, fortement émet-

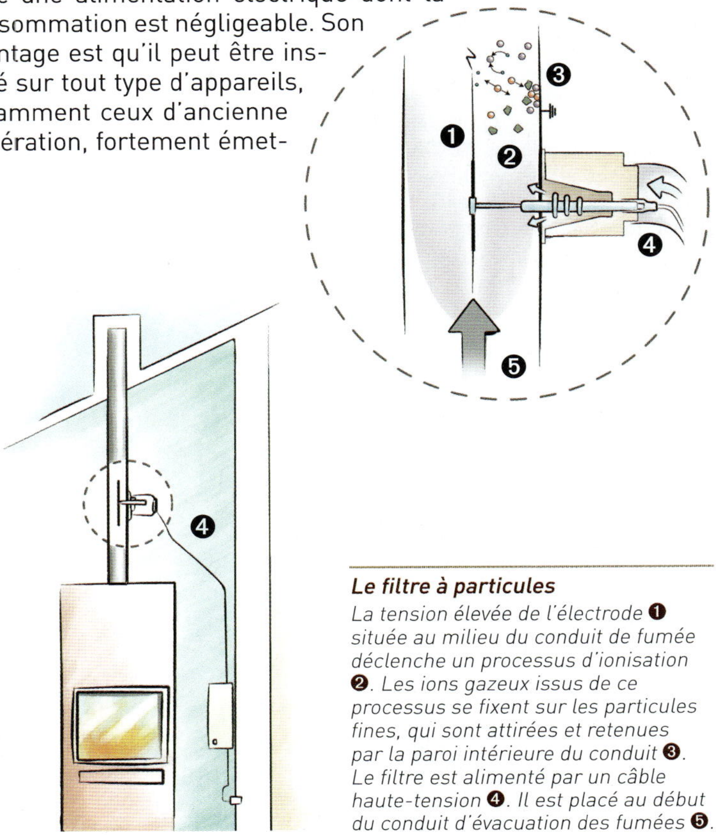

Le filtre à particules

La tension élevée de l'électrode ❶ située au milieu du conduit de fumée déclenche un processus d'ionisation ❷. Les ions gazeux issus de ce processus se fixent sur les particules fines, qui sont attirées et retenues par la paroi intérieure du conduit ❸. Le filtre est alimenté par un câble haute-tension ❹. Il est placé au début du conduit d'évacuation des fumées ❺.

teurs de particules. Dans certains cantons suisses, les poêles qui ne sont pas équipés de filtre à particules (comme les moteurs Diesel, finalement) ne sont pas autorisés à fonctionner.

Trop d'appareils anciens

Le parc des appareils de chauffage au bois en France est ancien, affichant des rendements de 40 % en moyenne, particulièrement faibles au regard des appareils vendus en 2008, qui garantissent des performances comprises entre 65 et 80 % pour du bois bûche et supérieures à 80 % pour des granulés. Or le renouvellement se fait assez lentement (30 % seulement des appareils neufs vendus remplacent un équipement existant), si bien que des organismes tels que l'Ademe (Agence de l'environnement et de la maîtrise des énergies) ou le Ser (Syndicat des énergies renouvelables) réfléchissent à une prime à la casse qui favoriserait la disparition de ces vieilleries. Un peu sur le modèle de ce qui s'est fait dans l'industrie automobile. Ainsi, les foyers ouverts représentent encore à eux seuls 27 % des appareils de chauffage, conséquence d'une politique d'équipement des logements en cheminées quasi systématique dans les années 80. Ces cheminées sont peu performantes et même polluantes. Tant qu'elles sont utilisées en appoint, un soir de temps en temps, passe encore, mais lorsqu'elles tournent en permanence, cela alourdit le bilan écologique du chauffage au bois en terme d'émissions de PM et autres pollutions issues de la (mauvaise) combustion du bois.

Des seuils définis à l'étranger

En Autriche, une directive dite « BVG 15a » s'applique aux appareils de chauffage au bois, imposant un seuil maximal d'émission de PM10 de 88 mg/m³. En Allemagne, le seuil considéré est de 80 mg/m³. En Suisse (où le marquage CE ne s'applique pas), la loi OPair, appliquée depuis janvier 2008, impose également des seuils maximaux d'émission de ces mêmes PM ainsi qu'une déclaration de conformité pour les appareils mis en service sur le marché (100 mg/m³). Il existe par ailleurs un label Bois-Énergie suisse, décerné aux appareils dont les émissions de particules sont inférieures à 75 mg/m³. Ces pays visent, à terme (au-delà de 2010), des émissions inférieures à 75 mg pour la Suisse et l'Autriche et 35 mg pour l'Allemagne.

En France, la réglementation ne touche que les chaudières dont la puissance est supérieure à 2 MW (de 50 à 150 mg/m^3 en fonction de la puissance). Il n'y a strictement rien dans la législation pour les appareils indépendants* de petite puissance.

Quant à la réglementation européenne, elle porte, pour les appareils indépendants (poêles à bois, inserts, foyers fermés, cuisinières), sur le rendement, les émissions de CO (obligatoirement inférieures à 1 % du volume des fumées) et les règles d'écart au feu*. C'est la norme EN 13240, qui doit figurer sur tous les appareils indépendants vendus en France depuis juin 2005.

Utiliser correctement son appareil

Une étude du CSTB montre que les émissions polluantes d'un insert fonctionnant en allure réduite peuvent être multipliées par six ou sept par rapport à celles d'un insert fonctionnant en allure nominale*. La pratique du feu continu à allure réduite (qui est souvent un argument de vente, notamment dans les grandes surfaces du bricolage) est une catastrophe, d'où l'intérêt de ne pas surdimensionner son appareil de chauffage. Autant il est assez facile, dans une maison récente et bien isolée (par exemple à ossature bois), de ne faire marcher un poêle récent qu'en allure nominale, autant c'est beaucoup plus compliqué dans de l'ancien mal isolé. Dans une maison en pierre traditionnelle, il faut du temps pour chauffer les murs, et il est toujours désagréable de perdre ces calories accumulées si l'on n'entretient pas un feu régulier.

La combustion de bois humide augmente quant à elle de deux à quatre fois les émissions polluantes par rapport à celle de bois sec. Ces paramètres sont essentiels, car avec la nature de l'installation et la qualité de l'appareil de chauffage, ce sont eux qui conditionnent les émanations de polluants.

Une baisse continue

À titre de comparaison, un feu de broussailles émet jusqu'à 5 000 mg/m^3 de poussières ; une cheminée ouverte, 400 mg/m^3 ; un poêle à bois performant (et brûlant du bois sec), 45 mg/m^3 ; une chaudière à granulés récente, moins de 20 mg/m^3.

En quinze ans (1990-2005), les émissions de particules fines ont déjà fortement baissé en France : - 28 % pour les PM10 ; - 33 % pour les PM2,5 ; - 42 % pour les PM1.

Selon certaines études, à l'horizon 2020, la réduction des émissions polluantes dues au chauffage au bois serait de 67 à 75 % pour le CO et atteindrait 76 à 85 % pour les COV et les particules. Cette forte diminution serait liée à l'amélioration du rendement des appareils (à chaleur fournie identique, la consommation de combustible est moindre, ce qui diminue mécaniquement les émissions) et au renouvellement du parc – qui permet l'introduction d'appareils à émissions plus faibles (cas des COV, du CO et des particules) – ainsi qu'à la diminution des besoins en chaleur des logements, liée à l'application des nouvelles réglementations thermiques*, ce qui réduit d'autant la consommation de combustible.

➜ *Poêle à bois dans une grange restaurée de montagne.*

3 Pour se chauffer en toute sécurité

Le tubage

Une bonne installation est primordiale pour la santé des habitants (pas de fuite intérieure évidemment), et pour leur sécurité. La mise en place des appareils de chauffage au bois est encadrée en France par les documents techniques unifiés* (DTU) 24.1, 24.2.1, 24.2.2 et 24.2.3, qui fixent un certain nombre de règles. Toutes sortes de configurations sont possibles : le raccordement à un conduit existant, la création d'une cheminée, le tubage ou gainage d'une cheminée existante ou l'installation d'un conduit métallique.

Avant tout projet de raccordement d'un appareil de chauffage au bois, notamment indépendant (type poêle, insert, foyer fermé), à une cheminée ou un conduit existant, il faut vous assurer, en faisant appel à un professionnel, que l'un ou l'autre est bien conforme à la norme NF DTU 24.1. Si ce n'est pas le cas, il vous faut soit changer le conduit métallique si c'en est un, soit faire réaliser un tubage du conduit de fumée. Le tubage consiste à insérer un conduit de fumée métallique, flexible ou rigide, dans un conduit de cheminée maçonné existant qui présente des risques de non-conformité : fissures, problèmes d'étanchéité, ou tout simplement conduit trop grand. En passant outre, on peut provoquer un incendie, des émanations de fumée, de la condensation qui induit un dépôt de bistre* ou un mauvais tirage*. Quand mon voisin, pompier, intervient sur des feux de cheminée, c'est essentiellement pour ces raisons-là.

Avant la réalisation du tubage, il est nécessaire de nettoyer l'intérieur du conduit de cheminée. Ce peut être une opération délicate si c'est une vieille cheminée et que des poches de suie sont inaccessibles avec un hérisson* classique. Mais celles-ci peuvent quand même finir par s'enflammer avec le temps. Certains ramoneurs travaillent avec des hérissons mécanisés qui permettent de faire correctement le ménage, de casser le bistre et d'éviter ces pièges à feu. Il faut par ailleurs prévoir une ventilation entre le conduit de tubage et le conduit de cheminée, l'isoler pour éviter la condensation lorsque le tubage traverse une partie du bâtiment non chauffée, supprimer toute entrée d'eau dans la cheminée et enfin tuber sur toute la longueur.

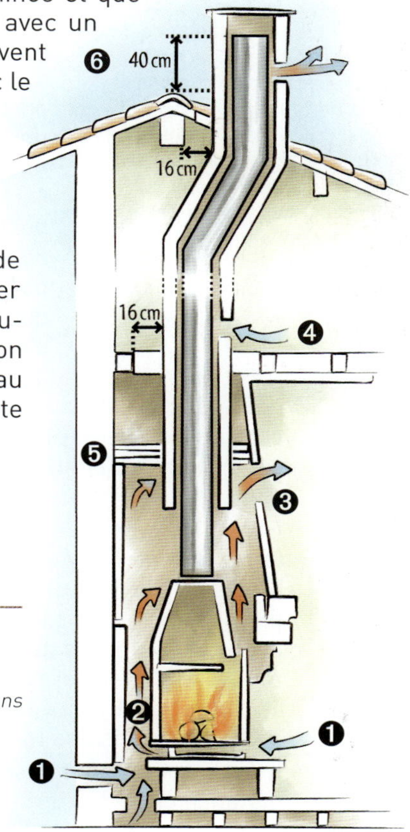

Les points clés du tubage

❶ *Arrivées d'air de combustion.*
❷ *Air chaud de convection.*
❸ *Trappe permettant de restituer de l'air chaud dans la pièce.*
❹ *Ventilation du conduit tubé.*
❺ *Écart au feu à respecter.*
❻ *Dépassée du conduit obligatoire de 40 cm au-dessus du faîtage.*

Le tubage, pas si facile…
Le tubage est l'introduction à l'intérieur d'un conduit de fumée existant d'un tube indépendant qui assure à lui seul l'évacuation et l'étanchéité des gaz de combustion. C'est une technique dont le but est d'améliorer les caractéristiques d'un conduit en bon état général et non pas de réparer un conduit hors d'état. Ventiler l'espace entre le tube et le conduit est recommandé, cela permet d'assécher l'ancien conduit. Les zones de contact entre l'ancien conduit et la nouvelle gaine sont à proscrire, car ce sont des surfaces sensibles qui risquent de présenter de la condensation, celle-ci pouvant détériorer la paroi extérieure du conduit.

En cas de raccordement sur une cheminée déjà tubée, il est nécessaire de s'assurer que celle-ci est gainée sur toute sa longueur. Certains professionnels proposent par ailleurs un test d'étanchéité, à l'aide d'un fumigène, qui permet d'évaluer la qualité du conduit.

Les bons tuyaux

Un conduit de fumée sert d'abord à évacuer les gaz brûlés et les différents produits des combustions. De ce fait, il doit résister à toute action chimique possible et à la température d'évacuation de ces produits. C'est de lui que dépend le bon ou le mauvais tirage* de l'appareil raccordé, que ce soit une cheminée, une chaudière ou un poêle. Si le conduit de fumée n'est pas réalisé dans les règles de l'art, il peut engendrer une mauvaise combustion et une très dangereuse évacuation des fumées et gaz nocifs. Le conduit doit par ailleurs posséder une stabilité mécanique satisfaisante quelle que soit la hauteur, c'est-à-dire qu'il doit résister aux assauts du vent, de la neige et ne pas risquer de se déboîter. Il existe pour cela, chez les différents fournisseurs, des colliers d'ancrage et autres systèmes pour maintenir et porter le conduit de fumée. Dans tous les cas, le matériel utilisé doit être conforme aux normes existantes.

Parmi les quelques règles élémentaires à respecter, notez que le conduit de fumée doit dépasser le faîtage* de la maison d'au moins 40 cm (voir dessin p. 34). S'il passe trop loin du faîtage (en pied de toit*, par exemple), il devra sans doute être haubanné avec des systèmes de câble (au-delà de 1,50 m). Si la pente de la toiture est inférieure à 15°, le conduit doit dépasser d'au moins 1,20 m et de 1 m au-dessus de tout acrotère* de plus de 20 cm de hauteur (cas des toitures-terrasses).

Il faut par ailleurs respecter un écart au feu, c'est-à-dire une distance entre l'extérieur du conduit et l'élément combustible le plus proche. La norme DTU ne fixe plus cet écart entre la paroi intérieure du conduit et les éléments du bois de charpente ou d'huisserie, mais elle définit une « distance de sécurité » entre la face externe du conduit et tout matériau combustible avoisinant (la distance se situe en général entre 8 et 10 cm pour des conduits doublepeau* raccordés sur un appareil de chauffage au bois bûche). L'entreprise doit respecter au minimum la distance donnée pour chaque type de conduit, en fonction de la classe de température et de la résistance thermique du conduit (fournie par le fabricant).

Les chevêtres* se trouvant dans des zones non chauffées doivent être isolés et peuvent être remplis avec de l'isolant ignifuge* (par exemple de la laine de roche). Mais si l'on veut éviter ce genre de produits peu écologiques, on peut très bien faire un mortier de vermiculite* et de chaux, qui sera déversé dans le chevêtre, ou bien remplir avec de la vermiculite, tout simplement.

Autre règle : un conduit de fumée, qu'il soit carré ou circulaire, doit être de même dimension sur toute sa hauteur. Et, pour un tirage efficace, il est préférable que le tracé du conduit soit vertical. Un dévoiement (partie oblique d'un conduit dans une pièce) est toutefois possible, mais il ne doit pas dépasser 20° pour les conduits de plus de 5 m de haut (voir dessin page suivante). Deux dévoiements peuvent atteindre 45° pour un conduit métallique d'une hauteur inférieure à 5 m.

Pour ce qui est de l'évacuation des fumées d'un poêle à granulés – moins chaudes que celles d'un poêle à bûches –, il est *a priori* interdit d'évacuer celles-ci avec un système de ventouse horizontal en façade sans avis technique dédié.

En France, une seule marque de poêles et un seul fabricant de tuyaux ont demandé et obtenu un avis technique favorable pour ce type d'évacuation. Mais d'autres fabricants proposent les mêmes tuyaux, pour les mêmes usages – sans avis technique cependant.

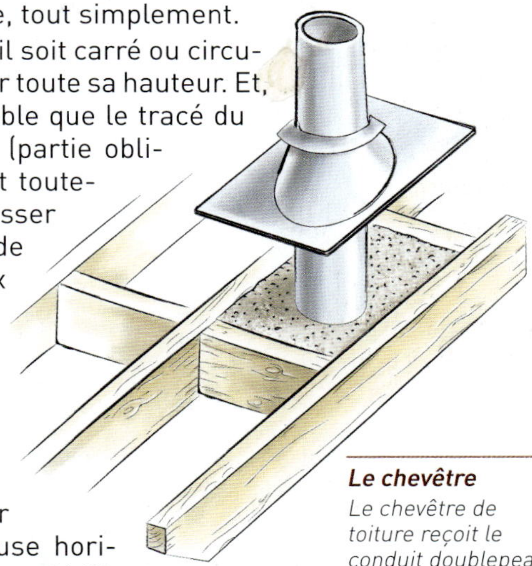

Le chevêtre

Le chevêtre de toiture reçoit le conduit doublepeau. Tout raccord entre deux tuyaux doit se trouver à l'extérieur du chevêtre, qui peut être isolé avec de la vermiculite en vrac.

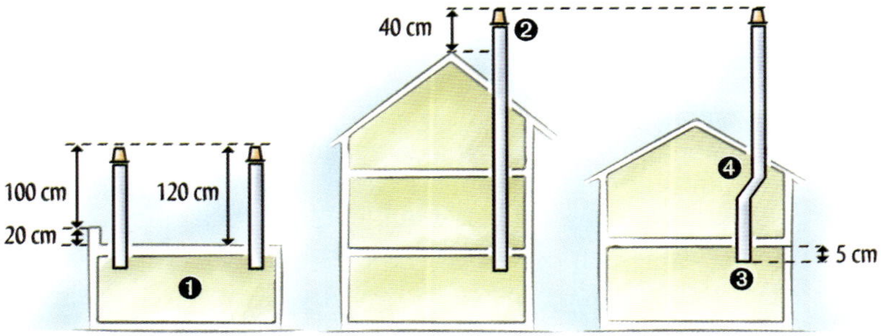

Des règles à respecter

La législation impose des hauteurs minimum au-dessus des toitures, différentes selon qu'il s'agit d'une terrasse ❶ ou d'un toit classique à deux pans ❷. Le conduit doublepeau doit par ailleurs dépasser de 5 cm à l'intérieur, sous le plafond ❸. Il est préférable que le tracé du conduit soit vertical, mais un dévoiement est possible ❹.

Les mauvaises habitudes

Il est quelques habitudes qu'il vaudrait mieux ne pas prendre lorsque l'on décide de se chauffer avec un poêle à bois bûche. Par exemple, ne jamais faire sécher de chiffons à proximité du poêle – encore moins sur des tringles autour du tuyau. Il se peut que jamais un chiffon ne tombe sur le poêle, mais le contraire est aussi possible.

Si on laisse entrouverte la porte du poêle le temps de l'allumage pour faciliter le tirage, il ne faut pas oublier de la refermer avant de partir ou de faire autre chose. Il y a peu de chances qu'il y ait des projections de braises (tout dépend de l'essence de bois que l'on brûle), mais cela peut arriver. *Idem* pour un insert ou un foyer fermé.

Enfin, il faut respecter les recommandations d'écart au feu de l'appareil (distance entre l'appareil et les matériaux combustibles les plus proches), et surtout ramoner celui-ci ou le faire ramoner deux fois par an. Quant aux jeunes enfants, ils apprennent assez vite à se tenir à distance du poêle, mais il n'est pas inutile de disposer une protection qui vous évitera d'avoir de grosses sueurs froides, le temps qu'ils prennent leurs marques.

La bonne taille, la bonne longueur

La hauteur totale d'un conduit de fumée ne doit pas dépasser 20 à 30 m, car les gaz se refroidissent au fur et à mesure de leur montée dans le conduit. D'où condensation, suies et goudrons. Notez qu'il est interdit de brancher deux corps de chauffe sur un même conduit.

La taille du conduit de fumée détermine la taille et la puissance de la cheminée, du poêle ou de la chaudière. Dans une construction neuve, il est donc nécessaire d'informer l'architecte ou le constructeur du logement de son choix de mode de chauffage. Cela permettra, avant le début des travaux, qu'un conduit approprié soit inclus dans les plans.

Pour les constructions anciennes déjà pourvues d'un conduit de fumée, l'appareil de chauffage devra s'adapter à la taille de celui-ci. Si le conduit existant n'est pas à la dimension nécessaire, un nouveau conduit devra alors être installé. L'utilisation de réductions (pour passer d'un diamètre de conduit donné à un diamètre plus faible ou plus important) est autorisée, tant qu'elles sont appropriées et que cela n'a pas d'incidence sur la sécurité de l'installation et sur son bon fonctionnement. En d'autres termes, on ne peut pas passer d'un tuyau de 280 mm à un tuyau de 150 mm, l'écart étant trop important entre les deux éléments (phénomène d'étranglement des fumées).

Un conduit extérieur, maçonné ou métallique, doit être isolé et aller jusqu'au sol. Il doit comporter une trappe de ramonage et être raccordé à l'appareil par un conduit métallique.

Si le conduit est intérieur, il doit dépasser de 5 cm du plafond dans la pièce où se trouve l'appareil (voir dessin p. 34).

Concernant son entretien, il existe une règle incontournable : il doit obligatoirement être ramoné mécaniquement deux fois par an. Pour faciliter le ramonage, vous pouvez faire brûler au préalable une briquette de bois densifié contenant de la poudre de ramonage (plutôt que de la paraffine, composée de sous-produits de la pétrochimie).

Petit récapitulatif de la réglementation

- Dans l'ancien, si un vieux conduit ne présente pas toutes les garanties d'étanchéité, il doit être tubé par un professionnel qui apportera sa garantie pour son installation.
- En neuf, certaines règles doivent être respectées :
  * l'écart au feu minimum entre l'extérieur du conduit et le matériau combustible le plus proche (autour de 9 cm en général pour les conduits métalliques) ;
  * la sortie de toiture, qui doit dépasser de 40 cm au-dessus du faîtage ;
  * un nombre de dévoiements (coudes) maximum autorisés ;
  * le ramonage obligatoire deux fois par an.

De l'air !

Pour une bonne combustion, un appareil de chauffage au bois consomme de l'oxygène. L'idéal est donc d'amener de l'air extérieur dans le poêle, ou à proximité, pour éviter d'avoir à le prélever dans l'intérieur de l'habitat. C'est indispensable dans une maison récente, bien isolée et « parfaitement » étanche à l'air. Certaines marques proposent même des poêles équipés de telles arrivées d'air (étanches sous 4 Pa de pression, c'est-à-dire assurant une alimentation précise et suffisante en air de l'appareil), en spécifiant qu'ils sont conçus pour des maisons basse énergie ou passives.

Si l'habitat est pourvu d'une VMC double flux*, son fonctionnement en parallèle à celui du poêle ne pose en général pas de problème, si l'appareil est doté d'une entrée d'air étanche. Il est préférable que le conduit amenant l'air de combustion soit doté d'un clapet antiretour, ce qui évite les déperditions thermiques lorsque le poêle ne fonctionne pas (voir schéma ci-dessous). Dans une vieille maison, genre panier percé, s'il n'y a pas d'entrée d'air dédiée, celui-ci se faufilera par tous les interstices et défauts d'étanchéité à l'air lorsque le poêle, l'insert ou le foyer fermé sera en fonction. Bien que favorisant les déperditions thermiques de l'habitation, cela a le mérite de permettre sa ventilation…

Arrivée d'air étanche pour poêle en habitat très bien isolé (basse consommation d'énergie)

❶ *Arrivée d'air frais extérieur étanche sous 4 Pa de pression.*
❷ *Clapet de fermeture.*
❸ *Air de combustion préchauffé.*

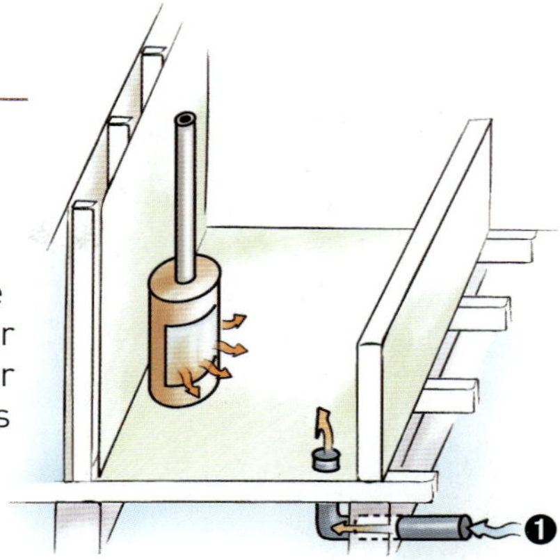

Prise d'air pour poêle non équipé d'une arrivée d'air dédiée)

❶ *Arrivée d'air frais provenant du puits canadien.*

Si votre poêle n'est pas équipé d'une arrivée d'air dédiée, vous pouvez réaliser une prise d'air sous celui-ci à travers le plancher, si plancher il y a (sans cave ou vide sanitaire, c'est plus compliqué), ou bien faire aboutir le puits canadien s'il en existe un (à condition qu'il ne soit pas raccordé à une ventilation double flux) à proximité du poêle. Le tirage du poêle crée une convection* naturelle dans le puits et participe par ailleurs au renouvellement de l'air. Pas besoin de ventilateur dans ce cas-là. Quant aux poêles à granulés, ils sont tous équipables d'une arrivée d'air dédiée.

Et en ville ?

Il est possible de se chauffer au bois dans les grandes villes, à condition de respecter un certain nombre de règles de sécurité. Par exemple, le chauffage au bois ne doit pas constituer la principale source de chauffage de l'habitation et seules des bûches sèches (mais également des granulés ou des briquettes, qui ont toute leur place dans ce genre de configuration urbaine) peuvent être utilisées comme combustible. Cette utilisation, qui ne doit pas incommoder les voisins, implique un ramonage régulier des conduits : deux fois par an, dont une fois pendant la période d'utilisation, comme pour tout appareil de chauffage au bois. Avant tout projet d'installation d'un chauffage à bois dans un appartement ou une maison de ville, il faut prendre contact avec les services municipaux pour connaître la réglementation.

Crédit d'impôt et autres aides

Si le chauffage au bois a connu ces dernières années un regain d'intérêt, c'est notamment grâce au crédit d'impôt et autres aides des collectivités territoriales favorisant ce type d'équipement.

Le crédit d'impôt permet de déduire de son impôt sur le revenu une partie du coût de l'équipement. Cette mesure est pour l'instant reconduite jusqu'au 31 décembre 2009. Le crédit accordé est égal à 50 % du montant TTC des appareils de chauffage indépendants dont le rendement est supérieur à 70 % et des chaudières automatiques dont le rendement est supérieur à 75 % (nouvelles dispositions de janvier 2008). Il porte sur l'équipement, fumisterie incluse, hors accessoires, et il est accordé sur présentation d'une facture d'installation fournie par un professionnel. Cette facture doit préciser le coût de l'équipement éligible et les critères d'éligibilité (label « Flamme Verte », notamment – voir p. 90). Les personnes non imposables reçoivent, quelques mois après avoir transmis les justificatifs, un chèque du Trésor public. Les équipements concernés englobent les poêles et les chaudières automatiques, mais également les inserts, les foyers fermés et les cuisinières utilisées comme mode de chauffage, ainsi que les poêles à granulés et à hydroaccumulation*. La concentration de monoxyde de carbone (CO) doit être inférieure à 0,6 % du volume des fumées.

Outre le crédit d'impôt à 50 %, les appareils labellisés « Flamme Verte » bénéficient d'un taux de TVA à 5,5 % pour la fourniture et la pose, si votre logement a plus de deux ans et si l'installation est réalisée par un professionnel.

Vous pouvez également bénéficier d'aides complémentaires de l'Anah (Agence nationale de l'amélioration de l'habitat). Celle-ci octroie, sous conditions de ressources, des aides et des primes pour les appareils éligibles.

Enfin, les départements et les régions donnent eux aussi des aides, qui varient d'un endroit à un autre et qui portent plus souvent sur les chaudières automatiques. Pour pouvoir bénéficier de ces aides, renseignez-vous auprès des Points Info-Énergie présents dans tous les départements (adresses disponibles auprès de l'Ademe, voir p. 149).

Le chauffage au bois revient à la mode, notamment grâce au crédit d'impôt dont il permet de bénéficier.

De quel bois je me chauffe ?

1 Les combustibles

2 Faire son bois

3 Acheter son bois

4 Stocker son bois, ses granulés

Les combustibles

Le bois bûche

C'est de très loin le combustible bois le plus utilisé en France, puisque nous (les particuliers) consommons environ 35 millions de stères par an. Le contenu énergétique d'un stère (un mètre cube de bûches de bois en longueurs d'un mètre) est compris entre 1 000 et 1 800 kWh, selon la densité du bois et son humidité. Dans certaines régions de France, en Bretagne notamment, l'unité de mesure est plutôt la corde, soit trois stères.

Les bûches représentent 80 % de la consommation de bois-énergie ; le reste est le fait des chaufferies collectives ou des industries alimentées en granulés, plaquettes, écorces, broyats, mais aussi des individuels qui consomment du granulé ou des plaquettes forestières (une infime partie du bois-énergie).

Tradition ancienne, les bûches présentent l'atout d'être un produit relativement accessible, toujours négociable ou échangeable – à la campagne notamment. Le choix d'essences de bois est très varié, le hêtre, le chêne et le charme étant parmi les meilleures. Mais le résineux n'est pas mal non plus, s'il est bien sec et fendu. Il produit rapidement une grosse chaleur et, associé avec du feuillu, cela permet de gérer assez bien le feu.

L'avantage des bûches est leur coût (meilleur marché que les granulés) ; l'inconvénient : la manutention qu'elles occasionnent, le stockage et l'approvisionnement du poêle au quotidien. Mais c'est le seul combustible qui permette de trouver soi-même du bois et d'être autonome financièrement. Bref, quand l'hiver est venu, on n'est jamais dépourvu si l'on se chauffe avec un poêle à bûches !

C'est quoi un stère ?

Le stère représente un volume extérieur apparent d'un mètre cube. Le volume réel varie en fonction de la taille des bûches. Plus c'est court, plus il y a d'air dans la pile, moins il y a de bois. Avec des bûches coupées en 50 cm, le stère réel tombe à 0,8 m^3 ; en 33 cm : à 0,7 m^3.

Volume réel d'un stère en fonction de la longueur des bûches qui le composent.

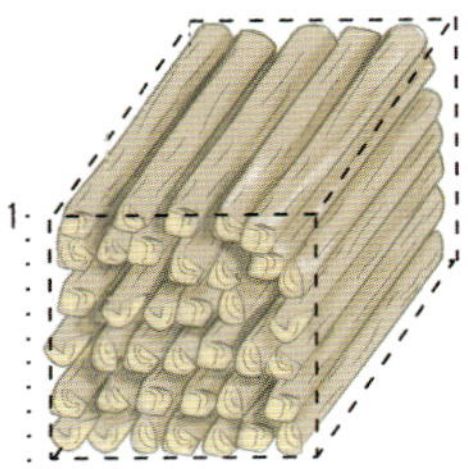

Volume réel d'un stère de bûches coupées en 100 cm de longueur : 1 m^3

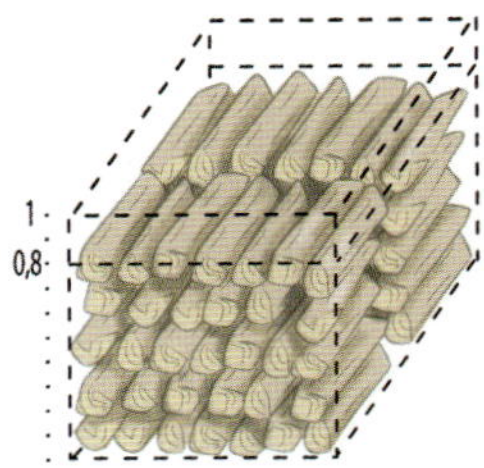

Volume réel d'un stère de bûches coupées en 50 cm de longueur : 0,8 m^3

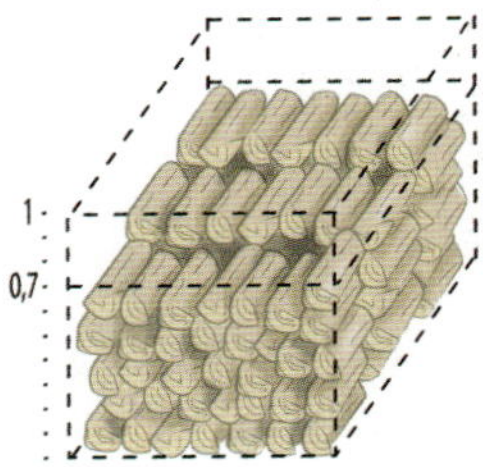

Volume réel d'un stère de bûches coupées en 33 cm de longueur : 0,7 m^3

Les briquettes

Les bûches de bois densifié, ou bûches compactes, ou encore briquettes, existent depuis les années 70. Elles sont fabriquées à partir de copeaux et de sciures compressés non traités, issus du recyclage des sous-produits de fabrication de l'industrie du bois. Les tailles et formes varient : rectangulaires, octogonales, cylindriques, etc. En France, la production avoisine les 10000 t pour une consommation de 15000 t. Longtemps considérée comme un produit de luxe, la briquette se vend de mieux en mieux. Le prix du bois bûche ayant augmenté ces dernières années, le coût de la briquette devient compétitif, dans les régions où le stère est cher. Le prix d'une tonne de briquettes équivaut à celui d'un stère à environ 110 €.

Les avantages des briquettes sont multiples : elles se stockent facilement du fait de leur calibrage régulier. Leur pouvoir calorifique étant élevé (4600 kW/t), il en faut moins pour se chauffer si on les compare aux bûches, d'où un gain de place non négligeable. Le taux d'humidité (10 %) est garanti, et le taux de cendres, faible (0,5 à 1 %). Elles permettent, comme les granulés, de valoriser des sous-produits de la filière bois tels que les sciures.

Tableau comparatif du pouvoir calorifique et du prix des combustibles bois en 2006

Combustible	Pouvoir calorifique en kWh/t	Prix public livré	Prix énergie (en ct d'€/ kWh)
Bûches séchées, fendues	3900	35 à 100 € le stère	2 à 6
Briquettes de bois	4600	265 € la tonne	8,9
Granulés de bois en sacs	4700	265 € la tonne	6,6
Granulés de bois en vrac	4700	100 à 200 € la tonne	2,8 à 4,6
Plaquettes forestières	2500 à 3500	45 à 100 € la tonne	2,2 à 3,5

Les granulés

C'est une drôle de petite croquette qui a fait son apparition sur le marché du bois-énergie il y a quelques années, et qui depuis occupe une place non négligeable dans le marché des combustibles issus de la filière bois. Les « pellets » (dénomination anglo-saxonne) sont fabriqués à partir de sous-produits naturels de sciage. Il s'agit essentiellement de sciure fraîche de résineux et de feuillus, d'abord séchée, puis pressée à travers une grille de calibrage. La matière première est souvent de la sciure de résineux, plus abondante. La différence de qualité ne tient pas tant à la nature de la sciure (de résineux ou de feuillus) qu'au processus de fabrication (séchage, calibrage, etc.). Notons cependant que certains fabricants intègrent discrètement de la sciure de bois exotique, qui produit beaucoup plus de mâchefer*, ou encore des résidus d'aliments pour le bétail, qui donnent un granulé friable.

Pour agglomérer les sciures entre elles, la plupart des fabricants n'utilisent aucun liant, bien qu'il soit permis d'en incorporer jusqu'à 2 % (il s'agit essentiellement de sucres comme l'amidon ou la mélasse).

Après pressage, les granulés se présentent sous la forme de petits cylindres de 6 à 9 mm de diamètre et de 1 à 3 cm de longueur en moyenne. Ils sont alors dépoussiérés et conditionnés. Leur forte densité, leur taille homogène et constante, leur taux d'humidité maîtrisé en font un parfait combustible pour les appareils de chauffage automatisés. Il coule des granulés dans le brûleur comme il peut y couler du fioul. Un confort d'utilisation et un coût bien moindre que celui du fioul et du gaz expliquent leur développement rapide ces dernières années.

↑ Les granulés de bois ont connu un engouement considérable ces dernières années.

Leur processus de fabrication est très proche de celui des granulés d'alimentation pour le bétail : du coup, nombre d'entreprises sont aujourd'hui bien outillées pour répondre à la demande. Les granulés se vendent soit en vrac, livrés par camion citerne (comme du fioul), soit en sacs, en général de 15 kg. Le coût est alors plus élevé.

L'avantage du granulé tient également au fait que les appareils qui brûlent ce combustible affichent des rendements (80 % à 95 %) bien meilleurs que les poêles à bûches, par exemple, et qu'ils polluent beaucoup moins.

Les plaquettes forestières

La plaquette forestière est sans doute l'un des combustibles bois les plus intéressants économiquement, mais aussi les plus difficiles à utiliser pour les particuliers (voir le témoignage page 138).

Les plaquettes sont issues des coupes forestières ; elles résultent du broyage de rémanents* (résidus d'élagage, houppiers*, branchettes, bois d'éclaircies*) et sont livrées par camions-bennes, plus rarement par camions souffleurs. Le déchiquetage a souvent lieu sur le lieu de la coupe forestière et permet à l'exploitant forestier de valoriser l'ensemble des arbres abattus, et pas uniquement les grumes*. Mais la plaquette prend de la place : il faut donc des espaces de stockage conséquents. De fait, elle est souvent utilisée pour des installations de type chaudière collective plutôt qu'en individuel.

Pour un particulier, le choix de ce dispositif est possible, mais il n'est pas facile de s'approvisionner (voir p. 56). Très souvent, des paysans achètent en commun un broyeur qui leur permet de transformer les restes de tailles de haies, et autres déchets verts liés à l'entretien du paysage, en plaquettes alimentant des chaudières individuelles qui remplacent de vieilles chaudières au fioul. C'est le combustible bois le moins cher avec les bûches (à l'exception des broyats d'écorces, réservés aux chaudières industrielles).

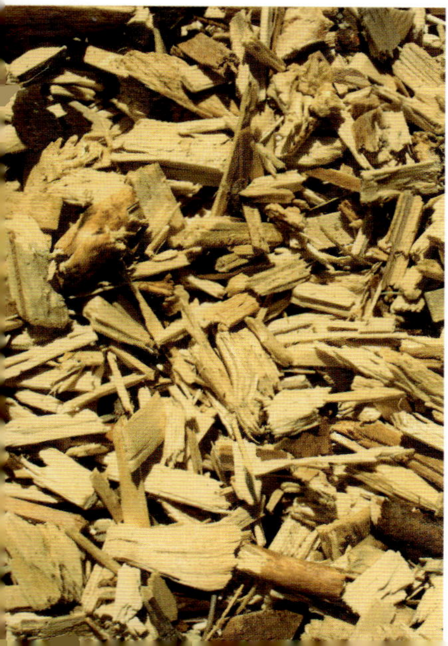

Les plaquettes de bois sont économiquement intéressantes, mais pas forcément faciles à utiliser.

Faire son bois

Les coupes affouagères

« Le bois chauffe deux fois, dit-on. Quand on le récolte, et quand on le brûle. » Accessoirement quand on le fend, quand on le range, etc. Ce n'est pas de tout repos, certes, mais quel plaisir d'être en pleine nature et de subvenir à ses futurs besoins de chauffage en quelques jours bien organisés. C'est probablement l'un de mes plus beaux souvenirs d'enfant, ces coupes de bois, ou d'affouage*, que nous faisions avec mon père et mes oncles dans ce petit village de Bourgogne. C'était l'hiver ; le bois était classiquement un taillis sous futaie*, dans lequel le garde de l'Office national des forêts (ONF) avait marqué les arbres qu'il fallait conserver. Le bois de chauffage que nous récoltions était essentiellement du charme et du hêtre. La grande difficulté de ces coupes d'affouage était de sortir le bois. Les citadins que nous étions n'avaient ni

Se protéger quand on bûcheronne

Pour effectuer une coupe d'affouage ou toute autre coupe de bois, il faut un équipement minimal. En dehors de la tronçonneuse, d'une hache ou d'une serpe, d'un merlin pour fendre le bois, il est indispensable de porter des chaussures de sécurité, un pantalon anticoupure, un casque antibruit associé à une visière de protection et des gants. Les accidents sont malheureusement fréquents, du fait que certains affouagistes s'improvisent bûcherons du jour au lendemain. Manier une tronçonneuse demande de l'expérience, de la rigueur et du calme. Les coupes affouagères sont souvent parsemées de branches au sol : il est facile de se prendre les pieds dedans et de chuter. Une trousse de secours n'est pas du luxe et devrait figurer en bonne place dans l'équipement du bûcheron.

tracteur ni remorque, mais il était facile de s'arranger avec un voisin paysan.

L'affouage est une coupe de bois octroyée par la commune. Il suffit de s'inscrire, puis les lots sont tirés au sort et attribués. Cette pratique est encore très répandue dans tout l'Est de la France (Champagne-Ardenne, Bourgogne, Franche-Comté, Alsace). L'avantage, pour la commune, est l'entretien d'une partie de ses forêts à peu de frais, et, pour l'usager, de disposer de bois pas trop cher. La tradition de l'affouage remonte au XIIIe siècle. Pour la petite histoire, « affouage » vient du verbe « affouer », qui signifiait « faire du feu ». Ce mot était encore utilisé au XXe siècle dans le Nord-Est de la France.

Au milieu des années 80, les volumes de bois délivrés sous forme d'affouage s'élevaient à deux millions de stères et étaient en baisse constante. En 2005, les délivrances d'affouage atteignaient 1,1 million de stères (à comparer aux 6,5 millions de stères de bois d'œuvre vendus par les communes), 1,15 million en 2006 et 1,3 million en 2007. Cette augmentation est liée, entre autres, à l'augmentation spectaculaire du prix du pétrole.

La filière privée ou publique

Si votre commune ne pratique pas l'affouage, il existe d'autres solutions.

Vous pouvez notamment vous adresser aux propriétaires privés. Beaucoup d'entre eux ne s'occupent plus de leurs domaines et il peut être intéressant pour eux de trouver quelqu'un qui, moyennant rétribution, entretient une parcelle de leur forêt. Un de mes amis a, l'an passé, demandé à un vieux paysan de son village s'il n'avait pas quelques travaux de bûcheronnage à effectuer sur ses terres.

→ *Coupe de hêtre en forêt de montagne.*

Il s'est ainsi retrouvé avec de beaux hêtres et de beaux chênes à couper au bord d'un ruisseau. Un gars du coin lui a donné un coup de main pour sortir les bois avec un tracteur.

Autre solution : s'adresser à l'ONF. Nous avons ainsi pu, une année avec un ami, exploiter quelques châblis* de mélèze en montagne. Le rendement était médiocre, car le bois était difficile à sortir dans la pente. Mais quel plaisir de pouvoir mettre l'hiver suivant dans son poêle ces quelques bûches récoltées difficilement, mais entre amis, avant les premiers frimas de l'hiver et les premières neiges, dans un cadre somptueux.

D'autres communes, notamment en montagne où la pente rend l'accès très difficile aux parcelles, proposent d'acheter des grumes* bord de route. Les arbres sont abattus et débardés par des professionnels. Les billes* sont ensuite attribuées aux habitants demandeurs, marquées et numérotées. Il suffit alors de venir débiter le bois et de l'enlever.

Si jamais vous n'avez ni le temps ni l'envie de faire du bois, ou si un bon plan vous est passé sous le nez, il est toujours possible d'acheter votre bois de chauffage. Mais attention à bien le choisir.

Et la forêt dans tout ça ?

Y aura-t-il assez de bois pour chauffer tout le monde dans cinquante ans ?

Si le nombre d'utilisateurs d'appareils de chauffage au bois risque en effet d'augmenter, la consommation de bûches ne devrait pas réellement exploser car, renouvellement aidant, les nouveaux appareils sont beaucoup moins gourmands. En outre, on ne prélève actuellement que la moitié environ de la croissance annuelle forestière, tous besoins confondus (bois d'œuvre, bois de chauffage, etc.).

La production de plaquettes, par exemple, est souvent un complément d'exploitation forestière, qui permet de valoriser les petites branches abandonnées en forêt. Elle permet d'injecter des revenus dans la forêt et de créer des emplois.

Acheter son bois

Le bois bûche

« Homme blanc couper du bois,
hiver sera rude. »

Dans le Grand Nord canadien, les Indiens Dénés avaient pour habitude, lorsqu'ils installaient leur campement, de taillader quelques arbres tout autour, pour être sûrs d'avoir du bois « sec debout » lorsqu'ils reviendraient l'hiver suivant.

Ici, dans le petit village de moyenne montagne où j'habite, revient, à l'approche de l'hiver, la sempiternelle question de celles et ceux qui se chauffent au bois : « T'as du bois pour l'hiver ? » Pour acheter du bois, mieux vaut en effet s'y prendre à l'avance et ne pas attendre le dernier moment. Le printemps est une bonne période : le bois est un peu moins cher qu'en début de saison de chauffe et il peut rester dehors un été de plus.

▲ *Le bois sec est grisé et marqué de petites fentes.*

Bien abrité et ventilé, le bois peut sécher relativement vite. Tout dépend de l'essence et de la météo locale. On trouve des stères à vendre un peu partout en France, et le bois peut venir de la commune voisine comme il peut avoir été importé de bien plus loin. Avant toute commande ferme, et sans infos précises sur sa qualité, il faut, dans la mesure du possible, le voir avant de l'acheter. L'idéal est d'acheter du bois de chauffage de proximité.

Reconnaître du bois sec

Un bois sec (du hêtre, par exemple) aura grisé et sera plus sombre aux extrémités, poussiéreux et marqué de petites fentes. Surtout, le poids d'une bûche fendue peut vous donner une idée de son degré de séchage. Cognées l'une contre l'autre, deux bûches sèches doivent produire un son clair. Il faut poser des questions au vendeur, lui demander quand la coupe de bois a eu lieu, combien de temps le bois a séché, avec quelle exposition. Si vous connaissez mal les essences de bois, faites-vous accompagner d'un ami qui vous aidera à les identifier. Les essences sont classées en trois groupes : le premier comprend le hêtre, le charme, l'orme, le frêne et l'érable. Ce sont les bois les plus denses, qui produisent le plus de chaleur à poids égal. Le groupe 2 comprend le châtaignier, le robinier faux acacia, le merisier et divers fruitiers, dont les performances sont considérées comme moindres. *Idem* pour le groupe 3, qui intègre les autres feuillus tempérés (peuplier, bouleau, platane...). Qu'on ne vous vende pas du saule pour du chêne, de l'alisier pour du hêtre. Ce n'est pas monnaie courante, mais le marché du bois de chauffage étant relativement opaque, deux précautions valent mieux qu'une, surtout quand on achète quelques stères à 60 € l'unité. Et puis il n'y a pas de mal à poser des questions, au risque de passer pour un ignare. Soyez exigeant, de la même manière que lorsque vous achetez un produit manufacturé. En agglomération, le bois est livré sans réel contact préalable, sauf par Internet ou par téléphone.

La France a mis en place une norme NF qui garantit une bonne qualité des bûches, notamment en terme de degré d'humidité. Les bois estampillés « NF » doivent indiquer le degré d'humidité, classé H1 (humidité < 20 %) ou H2 (H > 20 %). Ils bénéficient d'une TVA à 5,5 %. Mais l'on peut aussi acheter du bois avec facture auprès d'un vendeur non estampillé « NF », et avec une TVA à 5,5 % quand même ! Il faut néanmoins reconnaître que la majorité du bois de chauffage est vendu en France sans facture, « au black ». Dans ce cas-là, c'est à vos risques et périls si le bois est de piètre qualité. Quant à la fourchette des prix, elle va de 35 € à 100 € le stère, livré, en fonction du degré de séchage, des quantités, de la distance de transport et de sa taille. Coupé en bûches de 33 cm, le bois est plus cher, car il y a plus de travail de manutention. Si le coût est souvent le premier critère de choix, il ne doit pas vous aveugler au point d'acheter un bois humide qui chauffera deux fois moins.

Le bois est livré, il ne reste plus qu'à le ranger, à l'air et à l'abri des intempéries…

Comment vérifier le degré de sécheresse du bois ?

Pour s'assurer que son bois est sec, il existe plusieurs méthodes, dont celle-ci, soufflée par un technicien du FCBA (Forêt cellulose bois ameublement) :

- Prélevez quelques bûches dans votre tas, à différents endroits, et tronçonnez une rondelle de 1 cm d'épaisseur (ou plus) au tiers de chaque bûche.
- Pesez chaque échantillon, identifiez-le, notez son poids que vous appellerez Mh (masse échantillon humide), puis placez-le soit au micro-ondes, soit au four à 104 °C environ (pour éviter toute combustion).
- Prélevez dans le four les échantillons à intervalles réguliers (par exemple toutes les cinq minutes) et pesez-les.
- Lorsque le poids ne bouge plus (masse dite « constante »), la déshydratation est achevée. Notez alors ce poids, appelé Ms (masse échantillon sec) et sortez votre calculette, en appliquant la formule suivante :

$$\frac{(Mh - Ms)}{Mh} \times 100$$

Vous obtenez alors un chiffre qui vous indique le pourcentage d'humidité du bois. Au-delà de 25 %, vous pouvez laisser sécher votre bois encore un peu.

Gare aux bois traités !

Il est strictement interdit par la loi de brûler des bois traités ou peints. La tentation est grande pourtant de faire un tour à la déchetterie du coin pour récupérer un peu de ces bois pour se chauffer. Mais en brûlant, ils dégagent, entre autres, des dioxines. Il est tout autant interdit de brûler des panneaux de bois aggloméré, même ceux qui sont garantis sans colle ajoutée, car leur recyclage passe encore par des incinérateurs équipés de filtres spéciaux.

Il est également fortement déconseillé de brûler des bois marins de grève (ramassés sur la plage), car la combustion du sel dégage elle aussi des dioxines.

Enfin, si vous vous fournissez en chutes de résineux – chez un charpentier ou un menuisier, par exemple –, assurez-vous que les bois n'ont pas été traités. Un contrôle visuel n'est pas suffisant, car si le bois a été lavé par la pluie, il n'y a plus de couleur indiquant la présence de produits de traitement.

Les briquettes

Où trouver des briquettes ? Chez les vendeurs d'appareils de chauffage au bois, dans les grandes surfaces du bricolage parfois, et sur Internet... On trouve un certain nombre de références, mais encore faut-il que ces vendeurs soient proches de chez vous. Les briquettes sont conditionnées comme des packs de lait et se transportent donc assez aisément (plastifiées par quatre, emballées dans des cartons, en sachet papier, etc.). Elles ne valent la peine d'être utilisées que dans un appareil de chauffage performant, pour que leur pouvoir calorifique soit pleinement exploité. L'avantage est que l'on peut s'y prendre au dernier moment : on est sûr d'avoir du bois sec, livré rapidement, sans parler de l'encombrement, déjà évoqué précédemment.

Les granulés

Le granulé est-il le combustible bois de demain ? Ces dernières années, sa consommation a fortement augmenté en France (150 000 t en 2007 pour une production de 200 000 t). En 2008, la production sera encore plus importante, de très grosses unités de fabrication s'installant un peu partout sur le territoire (52 unités en 2008 contre une trentaine en 2007). Du coup, question approvisionnement, le territoire devrait être davantage maillé. En effet, jusqu'à présent, s'il était assez facile de trouver des granulés en Rhône-Alpes, par exemple, c'était parfois plus difficile dans d'autres régions, avec une incidence sur le prix de la tonne de la granulés, plus

élevé à mesure que l'on s'éloigne du site de production, en particulier pour le vrac. Pour le conditionnement en sac, les prix sont plus homogènes car le granulé en sac « voyage » bien.

Parlons des prix, justement ! Ils se sont à peu près stabilisés, après une envolée spectaculaire durant l'hiver 2006-2007, due à un phénomène conjoncturel (demande supérieure à l'offre). Aujourd'hui, il faut compter environ 180 à 220 € la tonne de granulés en vrac (livrés par camion souffleur dans un silo) et 220 à 330 € la tonne en sacs de 15 ou 20 kg. Il y a peu de chances que ces prix diminuent, malgré l'augmentation de l'offre (une partie sera absorbée par le marché européen), car la matière première, la sciure, est de plus en plus chère (environ 56 €/t en 2008). En effet, celle-ci est également utilisée depuis longtemps par les fabricants de panneaux en bois (aggloméré ou autres) ; bien évidemment, la demande de matière première est plus importante depuis que les fabricants de granulés s'y intéressent aussi. Elle pousse d'ailleurs ceux-ci à chercher d'autres sources, telles que les produits forestiers (restes de coupes forestières, par exemple).

Trouver des granulés facilement et à proximité de chez soi est une chose ; que ceux-ci soient de qualité en est une autre. Or, ces dernières années, on a vu arriver sur ce marché des vendeurs peu scrupuleux, proposant des granulés à des prix défiant toute concurrence. Il s'avéra que ceux-ci étaient « coupés » avec des sciures de bois exotiques, produisant beaucoup de mâchefer*, ou avec des aliments pour bétail. Pour le consommateur qui avait investi dans un poêle ou une chaudière et qui l'alimentait avec ces granulés de mauvaise qualité, la déception fut grande.

Pour garantir aux consommateurs une qualité de granulés régulière, l'Itebe et le FCBA ont créé, durant l'été 2008, une nouvelle marque de qualité française pour les granulés à base de bois ou d'origine agricole : NF granulés biocombustibles. Les granulés de bois ainsi labellisés se déclinent selon trois gammes :

- « bois Premium » pour tous les poêles et toutes les chaudières automatiques à granulés de bois ;
- « bois Standard » pour certains poêles et certaines chaudières automatiques à granulés de bois, selon les spécifications du fabricant de l'appareil ;
- « bois Industriel » pour les chaudières automatiques à granulés de bois collectives ou industrielles, selon les spécifications du fabricant de chaudières.

Cette marque NF garantit les dimensions des granulés, le pouvoir calorifique inférieur et l'humidité, le taux de cendres, la résistance mécanique, la masse volumique apparente, les teneurs en soufre, chlore et azote. Une bonne nouvelle pour les consommateurs et pour la professionnalisation de la filière.

Les plaquettes forestières

La filière des plaquettes bois s'est mise en place pour approvisionner des installations collectives, mais il est aujourd'hui possible, pour un particulier, de se chauffer aux plaquettes, des chaudières de plus faible puissance (7-20 kW) étant apparues sur le marché.

Plusieurs options vous sont proposées pour vous approvisionner en plaquettes : les acheter auprès d'un fournisseur (on commence à trouver des unités de production de plaquettes dans de nombreux départements), ou louer un broyeur pour déchiqueter du bois que vous aurez préalablement stocké. La solution plaquettes, d'un point de vue individuel, est intéressante si l'on accède à des coupes de bois (voir l'exemple page 138) ou si l'on possède soi-même suffisamment de forêt pour produire des plaquettes. Ou encore si l'on est scieur ou menuisier. Et surtout si l'on doit chauffer une grande surface ou plusieurs bâtiments. L'utilisation des plaquettes demande donc un minimum d'organisation et de temps. Avant de vous lancer dans un tel projet, mieux vaut évaluer la disponibilité, ou non, de plaquettes à proximité de chez vous.

Les plaquettes fines et « sèches » (taux d'humidité < 35 %) sont utilisées par de petites chaudières automatiques dans des habitations individuelles, ou par de petits réseaux de chaleur alimentant plusieurs logements. Les grosses plaquettes servent plutôt aux chaufferies collectives et à des réseaux de chaleur. Ces installations sont dimensionnées de telle sorte qu'elles brûlent aisément des plaquettes au taux d'humidité élevé (proche de 50 %), qui présentent l'avantage d'être moins chères (50 € la tonne contre 100-120 € pour de la plaquette sèche), mais ont pour inconvénient d'avoir un pouvoir calorifique moins élevé que les plaquettes fines, plus sèches. L'encombrement des plaquettes est défini en MAP (mètre cube apparent utile) : un MAP équivaut à environ 0,6 stère de bûches. Un MAP de plaquettes peut produire entre 750 et 1 000 kWh selon son taux d'humidité.

↓ *Frédéric Gaspard produit lui-même ses plaquettes, à partir de bois de résineux récupéré dans d'anciennes friches (voir page 138).*

Stocker son bois, ses granulés

Granulés et plaquettes

Stocker des granulés est en général assez simple puisque ceux-ci sont livrés soit dans un silo (avec un camion souffleur) pour alimenter une chaudière, soit en sacs pour alimenter un poêle. Il faut absolument éviter une reprise d'humidité, d'où l'importance de stocker les sacs dans un lieu assez sec, même si le conditionnement est relativement étanche. Évitez, d'une saison de chauffe à l'autre, de laisser des granulés dans l'appareil, car ils risquent de se désagréger et d'encombrer le système de chauffe.

Pour ce qui est des plaquettes, celles-ci ne sont pas toujours livrées au bon taux d'humidité. Mieux vaut donc se les procurer avant l'été et parfaire le séchage – à l'abri mais à l'air – avant de les mettre dans la chaudière. Les plaquettes sèchent en général très vite, mais attention au stockage, car l'on se retrouve vite avec d'importants volumes. Elles ont en effet besoin de place, beaucoup de place : de trois à cinq fois plus que pour du granulé.

Fendre le bois

↑ Le bois fendu sèche plus vite et brûle mieux que le bois non fendu.

Pour le bois bûche, c'est une autre affaire. En gros, le bois de chauffage fraîchement abattu, conditionné en 1 m de long, doit être stocké au minimum deux ans pour obtenir une combustion optimale. Coupé, fendu et conservé sous abri dans un endroit bien ventilé, le bois sèche plus vite et ce délai est ramené à un an, voire moins dans les régions sèches. Il est clair qu'un bois abattu hors sève* séchera beaucoup plus vite qu'un bois abattu au printemps. L'écorce et l'aubier* brûlent moins bien que le duramen*, au centre. C'est pourquoi un bon bois de chauffage est toujours fendu. On atteint ainsi rapidement la température nécessaire à une bonne combustion de l'écorce.

On voit de plus en plus sur le marché des appareils de chauffage au bois n'acceptant que des petites bûches. Celles-ci procurent un meilleur rendement, car elles chauffent plus rapidement du fait de leur taille. En outre, la gazéification (voir l'encadré p. 66 « Ça brûle comment, une bûche ? ») est plus rapide. Mais des bûches de 33 cm demandent plus de travail. Par contre, tronçonnées à cette longueur et refendues, ces bûches sécheront relativement vite. En 50 cm, ce sera plus long. J'ai un poêle qui accepte les deux tailles : du coup, je coupe à différentes longueurs. Certes, cela ne simplifie pas le rangement du bois et le montage des piles. Mais l'avantage est que l'on adapte son choix de bûches en fonction des conditions climatiques. En demi-saison, je brûle plus facilement des petites bûches, et pendant la période la plus froide, plutôt des bûches de 50 cm.

De l'air et à l'abri

Pour ce qui est du stockage, il n'y a pas 36 manières de faire. D'abord, le bois ne doit pas être posé directement sur le sol : des palettes feront bien l'affaire, ou des traverses en bois, ou – pourquoi pas ? – un caillebotis confectionné par vos soins. Il y a ensuite plusieurs techniques pour monter les piles et éviter qu'elles ne dégringolent.

Le bois doit être couvert, si possible avec autre chose que du plastique (condensation assurée sous la bâche) : des tôles feront bien l'affaire, mais ce n'est pas toujours élégant. On peut opter pour des planches de bois bien jointoyées, en leur donnant un peu de pente pour favoriser l'écoulement de l'eau de pluie. Il existe aussi des bâches microperforées destinées à couvrir les tas de bois. On ne doit couvrir que la surface du tas : l'air doit pouvoir circuler entre les bûches.

Pour certaines essences telles que le chêne ou le châtaignier, il ne faut pas hésiter à laisser les bûches à l'air libre, de sorte que la pluie les lave de leurs tanins*, car s'il en reste dans le bois au moment de la combustion, celle-ci sera mauvaise. Quitte à les couvrir à la fin de l'été, avant la saison de chauffe. L'idéal est d'avoir une année d'avance : on est ainsi sûr d'avoir du bois sec l'année suivante.

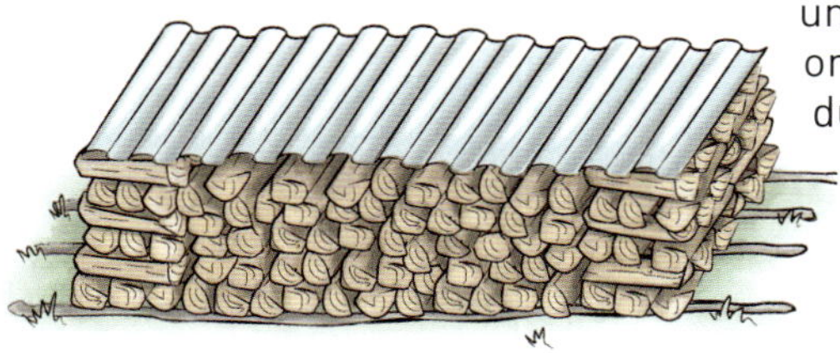

↑ Avec des longueurs conséquentes (au-delà de 50 cm), on peut croiser les bûches à chaque extrémité de la pile afin de bloquer celle-ci. Avec des bûches plus courtes, c'est plus compliqué : mieux vaut prévoir un mur ou un système de pieux en châtaignier qui permette de retenir la pile.

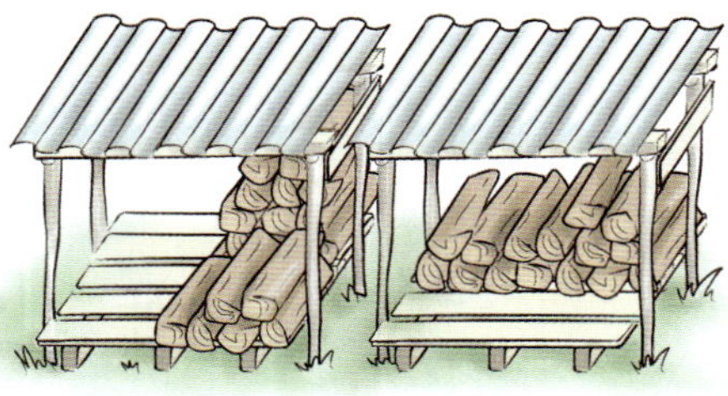

→ On peut aussi se servir des palettes pour y glisser des planches verticales vissées à leur base sur celles-ci et liaisonnées entre elles au-dessus de la pile

Les bonnes essences

Toute bûche est bonne à brûler à partir du moment où elle est sèche. À poids égal, les essences de bois fournissent à peu près la même quantité de chaleur. C'est la densité du bois qui modifie le pouvoir calorifique de chaque essence (voir p. 51). Ainsi, les résineux dégagent un peu plus de chaleur, mais se consument vite. Il est donc intéressant de démarrer son feu avec du pin, ou du mélèze, pour faire rapidement monter en température la chambre de combustion, avant d'y introduire du feuillu. Le hêtre – ou fayard – est un excellent bois de chauffage : son pouvoir calorifique est élevé, il sèche vite, se fend plutôt bien et se trouve assez facilement. En revanche, il ne faut pas trop le laisser sous la pluie, car il « prend le bleu » (apparition de champignons), pourrit et perd ses qualités calorifiques. Le chêne est excellent également, mais il est long à faire sécher (deux ans environ). On peut le mettre à l'abri une petite année, ou bien l'été qui précède la saison de chauffe. Le charme, le frêne et les fruitiers, de manière générale, sont d'excellents combustibles. Le bouleau est un très bon bois d'allumage, car il chauffe très vite, mais, tout comme les résineux, il se consume rapidement. Les feuillus tendres, tels que le marronnier, le saule, le tilleul, le peuplier, brûlent mal et chauffent peu. En Provence, on brûle plus facilement du chêne (vert, liège, etc.), car le hêtre est peu présent, contrairement au Nord-Est de la France où l'essence est reine. Dans tous les cas, il faut brûler du bois sec, car le bois humide est la plaie numéro un du chauffage au bois bûche (voir encadré ci-dessus).

Humidité et pouvoir calorifique

Le pouvoir calorifique du bois varie énormément en fonction de son humidité. Par exemple, un bois de chêne à 20 % d'humidité (donc bon à brûler, même si un taux hydrométrique plus faible est encore meilleur) a un pouvoir calorifique de 3,9 kWh par kilo. Il ne sera que de 2,2 kWh par kilo si son humidité est égale à 50 %.

MENU
PALAZZETTI
OFF

Les appareils de chauffage au bois

1 Les poêles à bois

2 Les chaudières

3 Les éléments de fumisterie

4 Normes et labels : comment s'y retrouver ?

1

Les poêles à bois

Choisir un mode de chauffage au bois est délicat : appareil indépendant de type poêle, insert, ou système automatisé de type chaudière à granulés ? Mais ce n'est pas forcément le plus difficile. Encore faut-il choisir l'appareil, et c'est là que tout se complique, car l'offre est aujourd'hui pléthorique. Si l'esthétique est importante, n'oublions pas qu'un appareil de chauffage remplit une fonction pratique : chauffer un bâtiment, si possible en utilisant le moins de combustible possible, pour un coût raisonnable et en polluant peu.

Les poêles d'ancienne génération

Ils ont un petit look rétro et on en trouve facilement à des prix très corrects. Mais pour décorer ou pour se chauffer ? Ces poêles, fabriqués après guerre jusque dans les années 80, sont encore répandus en France. Malheureusement, ils sont particulièrement polluants, et peu efficaces (rendements inférieurs à 60 %). En fonte ou en acier, ce sont de simples boîtes dotées d'une seule entrée d'air et d'une chambre de combustion basique. Ils peuvent être en plus ou moins bon état, mais il est rare qu'ils soient encore parfaitement étanches (les briques réfractaires sont souvent fendues, cassées). Certes, ils chauffent, et certains sont de très bonne facture en terme de qualité des matériaux et de fabrication. Mais ils n'ont rien à voir avec les appareils récents que l'on trouve aujourd'hui sur le marché. Au Canada, les autorités considèrent que les poêles dits « d'ancienne génération » dégagent de 40 à 80 g de goudron, alors que les nouveaux poêles certifiés par l'EPA (Environmental Protection Agency) n'en produisent que 2 à 5 g !

À la casse, donc, ces vieux appareils ! Bon, c'est vrai qu'il est toujours commode, lorsqu'on prend une location, d'installer un poêle pour pas cher, en attendant. Mais, en attendant, ça pollue et ça chauffe moins bien. En outre, un bon poêle se revend assez bien d'occasion. Il est donc pertinent d'acheter dès le départ un modèle efficace. Dans un habitat neuf, la question ne devrait même pas se poser, car l'on peut aisément prévoir cette dépense dans le budget.

Les poêles à double combustion

Ce sont les poêles nouvelle génération, que l'on trouve désormais partout et qui remplacent peu à peu les anciens. On parle aussi de poêles « bi- » ou « postcombustion ». Ces appareils sont pourvus de plusieurs entrées d'air et d'une chambre de combustion dans laquelle ont lieu plusieurs combustions. Le principe est assez simple :

- une première entrée d'air permet la combustion primaire du bois, lors de l'allumage ;
- une deuxième arrivée d'air préchauffé active la combustion des gaz imbrûlés lors de la première combustion (voir encadré page suivante). On atteint alors de très bons rendements (au-delà de 65 % et jusqu'à 85 %), un risque limité d'encrassement du conduit et moins d'émissions de polluants. La gamme de prix varie de quelques centaines d'euros (700 €) à plusieurs milliers (3-4 000 €). La différence

Ça brûle comment, une bûche ?

Le phénomène de combustion du bois se décompose en trois phases distinctes :

1. Lorsqu'on allume un feu, le bois commence par chauffer et la vapeur d'eau s'évapore. Cette première phase est consommatrice de chaleur.
2. Puis le bois se décompose (on parle alors de pyrolyse*) et, à partir de 200 °C, des gaz commencent à se dégager et à brûler lorsqu'ils entrent en contact avec l'oxygène présent dans la chambre de combustion. Cette deuxième phase produit de la chaleur.
3. Le bois ainsi libéré de l'eau qu'il contenait se transforme en charbon, qui se consume à son tour s'il y a assez d'air dans la chambre.

tient à la qualité de la fabrication (matériaux et assemblage), au design et à l'efficacité (rendement, émission de polluants).

Ces poêles se déclinent en acier ou en fonte, avec éventuellement un habillage en pierres ollaires* ou en céramique. Ils peuvent avoir un look rétro ou être en forme de poêles-cheminées, en grande partie vitrés, avec un foyer tournant, intégrant une niche pour garder des aliments au chaud. Bref, le choix est vaste. L'offre de poêles en acier s'est largement étoffée et l'on en trouve aujourd'hui de très performants, même chez des fabricants qui utilisaient traditionnellement la fonte. En général, les poêles en acier sont plus design, car la matière première permet plus de créativité. Les modèles en fonte affichent des looks plus classiques.

L'autre différence tient à la chauffe : un poêle en acier montera en température plus rapidement. En revanche, un poêle en fonte tiendra plus longtemps la chaleur. Très souvent, ces poêles, qu'ils soient d'acier ou de fonte, sont vendus pour leur production de chaleur par convection* et par rayonnement* (voir p. 70). De fait, c'est plutôt de « convection » dont il faudrait parler, seuls les poêles de masse (voir p. 68) pouvant se targuer de produire réellement de la chaleur par rayonnement.

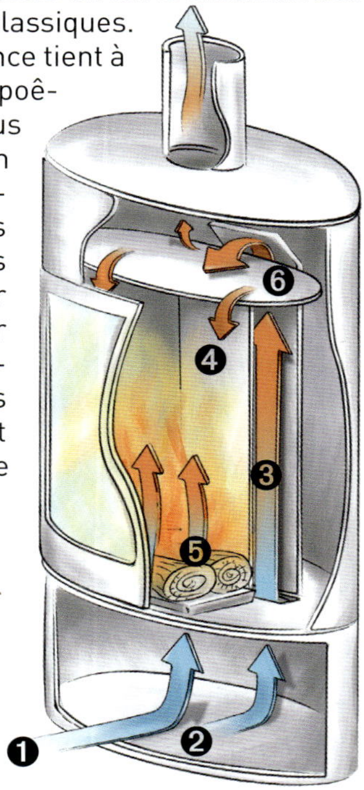

Principe de fonctionnement d'un poêle à double combustion

❶ *Arrivée d'air primaire.*
❷ *Arrivée d'air secondaire.*
❸ *Préchauffage de l'air secondaire.*
❹ *Combustion de l'air secondaire.*
❺ *Combustion de l'air primaire.*
❻ *Déflecteur.*

➔ Le poêle turbo se décline selon des looks classiques ou plus modernes.

Les poêles turbo

Ce système a surtout été développé par un fabricant français. Il est très proche de celui des poêles à double combustion puisque le principe est le même : brûler le plus possible de gaz grâce à une arrivée d'air secondaire. Mais celle-ci se fait en partie haute de la chambre de combustion, grâce à un tube en fonte. Ces poêles présentent l'avantage de monter très vite en température et d'être moins chers que ceux à double combustion.

Principe de fonctionnement d'un poêle turbo
❶ *Arrivée d'air primaire.*
❷ *Arrivée d'air secondaire (système dit « turbo »).*
❸ *Combustion.*

En revanche, il n'y a pas de pierres réfractaires* dans ces foyers, donc moins d'inertie. On trouve des poêles entrée de gamme autour de 500 €, et jusqu'à 2-3 000 € pour des appareils plus sophistiqués. Les rendements sont en général supérieurs à 65 %.

Les poêles de masse

Les heureux propriétaires – ou futurs – de poêles de masse (ou à accumulation) entretiennent une relation passionnée avec ce mode de chauffage. Un poêle de masse, à forte inertie ou à accumulation est un corps de chauffe entouré d'une masse conséquente, pouvant aller de une à plusieurs tonnes. Le corps de chauffe fonctionne selon le même principe de postcombustion que dans un poêle à bois classique. Quant à la masse, il peut s'agir de terre crue, de brique réfractaire, de béton ou de tout autre matériau ayant une grande capacité inertielle. L'habillage varie : chaux, terre, stéatite* (pierre à très forte inertie), faïence, etc.

Le principe de base est d'utiliser la température élevée des gaz de combustion (800 °C) pour chauffer la masse et en permettre ensuite le rayonnement dans toute l'habitation. Les gaz sont guidés à travers un ensemble de chicanes, afin qu'ils échangent leurs calories avec la masse avant de rejoindre le conduit d'extraction (t° d'environ 200 °C en sortie). Les chicanes peuvent être horizontales ou verticales. On fait donc une flambée vive avec une quantité de bois donnée (en kg), d'environ deux ou trois heures. Le corps de chauffe fonctionne alors à allure nominale (la température peut atteindre plus de 1 000 °C), d'où une moindre

← *Le poêle de masse est un meuble à part entière, qui détermine à lui seul le style de la maison.*

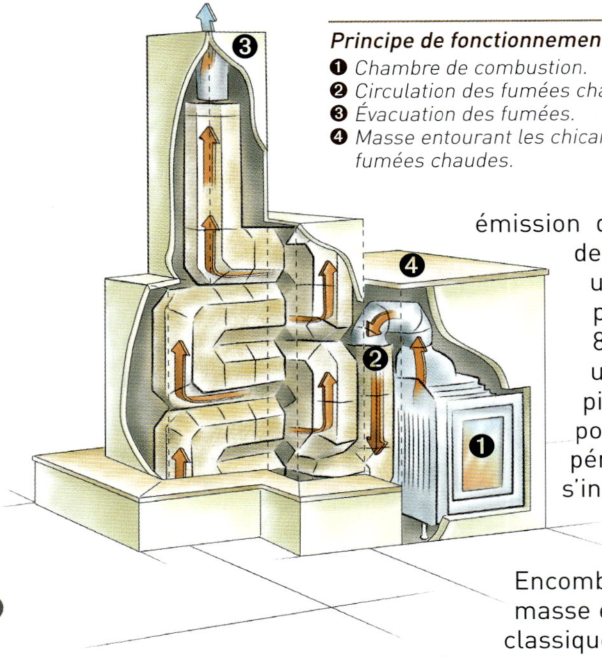

Principe de fonctionnement d'un poêle de masse

❶ Chambre de combustion.
❷ Circulation des fumées chaudes dans les chicanes.
❸ Évacuation des fumées.
❹ Masse entourant les chicanes et stockant les calories des fumées chaudes.

émission de polluants. Le rendement des meilleurs corps de chauffe utilisés pour construire des poêles de masse se situe entre 80 et 90 % en général. Il faut un peu de temps pour que la pièce dans laquelle se trouve le poêle de masse monte en température. Mais cette chaleur va s'installer durablement, pendant pratiquement douze heures, voire plus selon la masse.

Encombrant et massif, le poêle de masse est – plus encore qu'un poêle classique – un meuble à part entière. On peut même y aménager une banquette pour faire la sieste ou bouquiner. Il existe évidemment des poêles industrialisés, mais l'on peut très bien faire fabriquer un poêle de masse à sa mesure, en fonction de ses goûts et de ses besoins. Quant à la chaleur diffusée par rayonnement, elle est douce, constante et homogène. En revanche, un poêle de masse ne convient pas à tous les habitats ni à tous les modes de vie (voir dernière partie). C'est pourquoi ce genre d'investissement (assez élevé, entre 7 000 € et 20 000 €) doit être mûrement réfléchi. Une fois la masse en place, il n'est pas facile de la déménager.

Convection et rayonnement, deux sensations de chaleur

On parle ici de deux modes de diffusion de la chaleur. Dans le cas de la convection, le poêle réchauffe l'air ambiant, qui circule ensuite dans les différents espaces de vie par voie ascendante. Le rayonnement désigne quant à lui un mode de chauffage qui permet à la chaleur de s'accumuler dans des parois lourdes. Pour cela, seul un poêle à forte inertie, d'une masse conséquente, permet le rayonnement. La chaleur est ainsi stockée dans les murs du bâti, pour être peu à peu restituée. La sensation de confort est en général plus agréable dans une maison où la température des murs est supérieure à celle de l'air ambiant.

Les poêles bouilleurs

La fonction d'un poêle bouilleur, outre celle de chauffer modérément la pièce dans laquelle il est installé, est de chauffer une réserve d'eau qui va alimenter ensuite des murs chauffants ou des radiateurs. La puissance de chauffe de l'appareil se répartit donc entre celle nécessaire au chauffage de l'eau et celle, plus faible, nécessaire au chauffage de l'espace de vie. En gros, le chauffage de l'eau absorbe au moins les deux tiers de la puissance de l'appareil. En général, le poêle bouilleur (qui peut fonctionner avec des bûches ou des granulés) est doté d'un réservoir d'eau – sorte de ballon tampon dans lequel est chauffée l'eau. Un ensemble hydraulique de chauffage central permet ensuite de distribuer l'eau chaude. Des murs chauffants, enduits de terre ou de chaux, apportent un réel confort (voir p. 126). Le réseau de tuyaux peut également être pris dans un béton banché. Il est possible de produire ainsi l'eau chaude sanitaire, mais il n'est pas inutile de coupler le bouilleur à une autre source énergétique, telle que du solaire thermique par exemple (voir schéma). Le poêle bouilleur est particulièrement intéressant en rénovation, car il permet de reprendre les enduits des murs (en isolant avec de la terre/paille ou de la chaux/chanvre, par exemple) tout en y intégrant le réseau de tuyaux. On peut bien sûr se raccorder à des radiateurs déjà existants.

Les installateurs de ce type de système sont malheureusement relativement rares en France. C'est pourtant une bonne solution pour de petits habitats – en rénovation comme en neuf. L'installation est certes assez coûteuse : environ 7 000 €, uniquement pour le poêle, le groupe hydraulique, le raccordement au conduit de cheminée et la liaison avec le ballon. Si l'on ajoute un réseau de murs chauffants, il faut compter au moins 100 € du kW (sans la pose). C'est cependant moins cher qu'une chaudière et un peu moins encombrant. Par contre, l'autonomie est moindre, puisqu'il faut remplir régulièrement le réservoir de granulés ou le foyer de bûches.

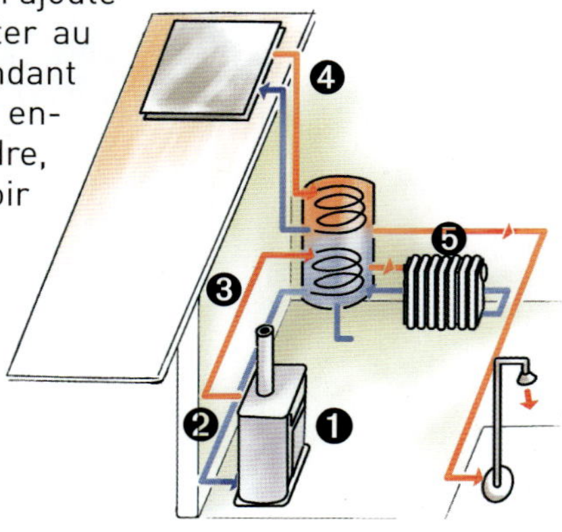

Principe de fonctionnement d'une installation avec poêle bouilleur

❶ *Poêle bouilleur.*
❷ *Circuit d'eau froide.*
❸ *Eau chauffée par le bouilleur alimentant un ballon.*
❹ *Couplage avec des panneaux solaires.*
❺ *Alimentation des radiateurs et de la douche.*

Cheminées, inserts et foyers fermés

Les cheminées

Ah, un bon bouquin au coin de la cheminée, la belle image d'Épinal ! La France est « accro » à ses cheminées. C'est chouette, c'est sûr. Dommage que ce soit aussi polluant et peu efficace pour chauffer une maison (environ 10 % de rendement). C'est pourtant, encore aujourd'hui, l'un des équipements les plus répandus en France. Pas une vieille maison qui ne soit dotée d'une cheminée – sans parler des villas des années 70-80, qui en étaient elles aussi équipées. À vrai dire, tant que l'usage est récréatif et se limite à une petite flambée le week-end, soit. Mais lorsque la cheminée est utilisée en chauffage d'appoint, c'est moyen, très moyen en terme d'émission de polluants. Contrairement aux appareils fermés, les gaz secondaires ne sont pas brûlés et ils partent dans la nature. Sans parler de ceux qui, éventuellement, se retrouvent dans l'espace de vie...

↑ Mieux vaut se contenter d'un usage occasionnel de la cheminée, car son rendement limité n'en fait pas un appareil de chauffage. Sans parler des émissions de polluants...

➜ *L'insert s'adapte à la cheminée existante. Il faut donc veiller à ce qu'il soit compatible avec le foyer et le conduit déjà en place.*

Les inserts

Si le but du jeu est de chauffer la maison, autant opter pour une solution efficace, comme l'insert. C'est une chambre de combustion en fonte, installée dans une cheminée existante. Certes, on casse un peu le charme de la cheminée, surtout si elle possède beaucoup de cachet. Mais l'insert permet de transformer une cheminée classique peu performante (rendement de 20 à 30 % maxi) en un vrai moyen de chauffage. Avec un très bon insert, on obtient des rendements minimaux de 70 %. L'air chaud, circulant par convection autour de la chambre de combustion, est distribué dans la pièce ou dans des pièces adjacentes, grâce à des gaines. Certains ont même des ventilateurs pour redistribuer l'air chaud, commandés par un interrupteur ou fonctionnant par convection naturelle.

Avant d'installer un insert, assurez-vous de la compatibilité de l'existant (cheminée + conduit) avec l'insert que vous souhaitez faire installer. Il faut également avoir suffisamment d'espace entre le dessus de l'insert et la plaque qui ferme la cheminée, pour y créer une circulation d'air chaud. Et n'oubliez pas de ménager une arrivée d'air frais (ou préchauffé, encore mieux) dans l'insert, air nécessaire à la combustion du bois (+/- 1 m^3 pour 1 kW de puissance).

Les foyers fermés

Le foyer fermé ressemble à l'insert : c'est une chambre de combustion, souvent en acier, dotée d'une double paroi, dans laquelle circule également l'air chaud. Mais il s'en distingue, car on l'habille ensuite *in situ* de matériaux lourds (brique de terre crue, pierre, etc.). Des systèmes de bouches et de gaines permettent également de pulser l'air chaud.

En fait, on crée ainsi sa propre cheminée avec insert, ce qui laisse un grand choix quant à l'habillage du foyer fermé. Les performances sont à peu près les mêmes qu'avec un insert, (autour de

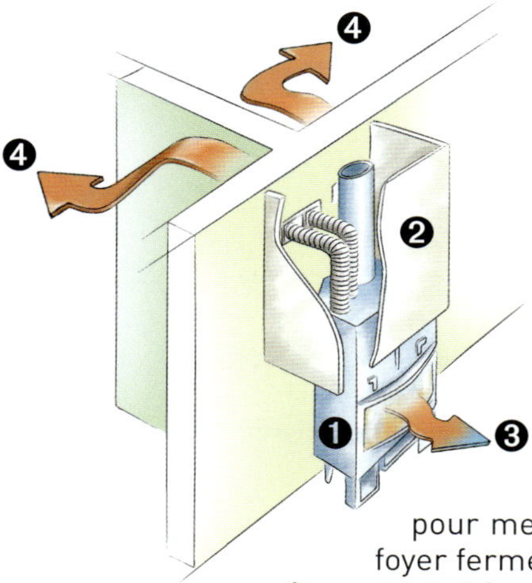

Principe de fonctionnement d'un foyer fermé

❶ *Chambre de combustion du foyer fermé.*
❷ *Habillage du foyer.*
❸ *Diffusion d'air chaud dans la pièce principale.*
❹ *Air chaud pulsé à travers des gaines dans les pièces adjacentes.*

70 %, parfois au-delà de 80 % pour certaines marques), inserts et foyers fermés récents fonctionnant tous en double combustion. La principale difficulté, avec ce type d'installation, est le renouvellement d'appareils peu performants : il est souvent nécessaire, pour mettre en place un nouvel insert ou changer le foyer fermé, de casser l'habillage, ce qui peut se révéler coûteux. Mais l'économie réalisée sur le combustible, grâce à un appareil beaucoup plus performant, peut permettre un amortissement assez rapide, à évaluer vous-même ou à faire évaluer par un professionnel.

↓ *L'habillage du foyer fermé s'adapte à tous les styles, du plus moderne au plus rustique (foyer Miro de chez Ruegg).*

Les poêles à granulés

Apparus aux États-Unis dans les années 80, les poêles à granulés ont depuis «conquis» le marché européen. Un poêle à granulés est un appareil de chauffage au bois automatisé, alimenté par des petits cylindres de sciure compressée (voir p. 45). Un réservoir, de 20 à 60 kg, intégré dans le poêle (le corps de chauffe et l'habillage sont en fonte ou en acier) offre une autonomie variable en fonction de son volume, de la puissance de l'appareil et de la demande en chaleur (de vingt-quatre à cent vingt heures). L'avantage, comparativement à un appareil fermé fonctionnant au bois bûche, est évident : on ne passe pas son temps à remettre du bois dans le foyer. Adieu la corvée de bûches : il suffit d'acheter des sacs de granulés de 15 ou 20 kg et de remplir le poêle régulièrement (une fois par jour environ). Certains modèles sont programmables, on peut donc les faire démarrer à distance. La combustion est très bonne : il y a donc moins d'émission de polluants et le rendement de ces appareils est supérieur aux poêles à bûches, jusqu'à 95 % pour certains modèles. Mais il y a forcément quelques petits inconvénients :

Le poêle à granulés a connu un formidable essor durant les cinq dernières années (en photo : modèle Réa de chez Ruegg).

le combustible est plus cher que les bûches, et l'appareil aussi : les prix varient de 2 000 € à 7 000 €. La vision du feu n'est pas celle d'un poêle à bois ni d'une belle flambée. La vis sans fin qui alimente le brûleur en granulés nécessite un branchement électrique, tout comme les ventilateurs qui pulsent l'air chaud dans la pièce (consommation électrique comprise entre 40 et 120 W). Du coup, si une panne de courant survient, plus de chauffage possible, à moins d'équiper le poêle d'une petite batterie de secours (prévue sur certains modèles). Le ou les ventilateurs sont parfois très bruyants sur certains appareils, ainsi que l'alimentation en granulés qui tombent toutes les quelques secondes dans la chambre de combustion.

Certains poêles sont extrêmement bien conçus, d'autres moins. Lors d'un achat de ce type, soyez vigilant, documentez-vous bien et méfiez-vous des discours commerciaux du style : « il n'y a rien à faire, ça marche tout seul ». Comme tout appareil de chauffage au bois, il faut décendrer, même si c'est peu souvent. Si le poêle est mal réglé ou si le granulé est de mauvaise qualité, du mâchefer se formera sur les grilles au niveau de la chambre de combustion. Mâchefer que l'on devra parfois casser à grand renfort de tournevis... L'argument « vitre propre » n'est pas toujours au point et sur certains poêles, il sera indispensable de souvent la nettoyer.

Méfiez-vous également des délais d'installation : on vous promet le poêle pour le mois suivant, et deux mois plus tard, il n'est toujours pas posé. Si le retard est conséquent malgré les engagements du vendeur, exigez un dédommagement – des sacs de granulés, par exemple. Enfin, vous devez être sûr d'obtenir un service après-vente digne de ce nom, car vu l'électronique embarquée dans un poêle à granulés, en cas de problème, il faudra des professionnels réactifs. Il existe cependant des poêles efficaces simplifiés à l'extrême, sans ventilateur et fonctionnant par convection de l'air chaud.

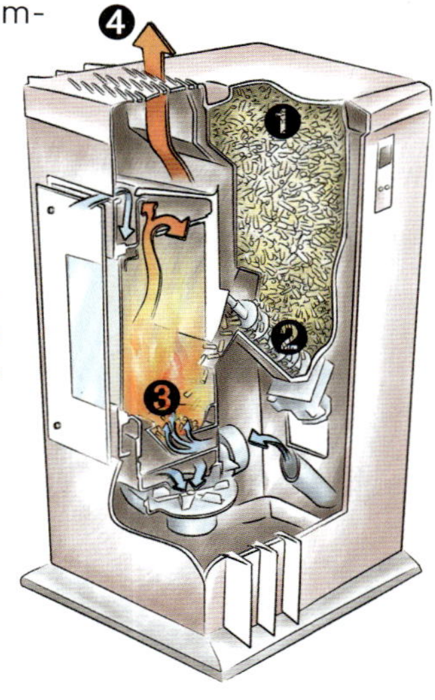

Principe de fonctionnement d'un poêle à granulés

❶ *Réservoir de granulés.*
❷ *Vis sans fin, qui alimente le brûleur en granulés.*
❸ *Brûleur.*
❹ *Distribution d'air chaud grâce à un ventilateur.*

↑ *Le poêle mixte apporte une souplesse d'usage, en permettant de brûler des bûches aussi bien que des granulés (en photo : modèle Rotary par A.R.C.O.).*

Les poêles mixtes

Pour celles et ceux qui souhaitent garder une marge de manœuvre, il existe des poêles mixtes, acceptant granulés et bûches. Certains d'entre eux affichent d'excellents rendements. Ils sont un peu plus encombrants que les autres (granulés ou bûches simples), mais offrent cette souplesse d'emploi. Il n'est pas nécessaire d'éteindre l'appareil pour changer de combustible. Un changement de position de la grille foyère et le réglage de l'air primaire suffisent. Certains modèles se passent de ventilation, le raccordement électrique ne servant qu'à l'alimentation de la chambre de combustion en granulés. La vision de la flamme ressemble plus à celle d'un poêle à bûches classique. Dans cette gamme de poêles, la plupart des appareils font également l'eau chaude (système bouilleur).

Les cuisinières à bois

Les cuisinières à bois ne sont pas complètement passées de mode et l'on trouve des inconditionnels de ce mode de chauffage et de cuisson. Les cuisinières chauffent en effet une plaque de cuisson en fonte, un four, et la ou les pièces alentour. Le problème est l'espace dans lequel se trouve l'appareil : s'il est confiné, le cuisinier crèvera de chaud tandis que, deux pièces plus loin, les convives seront au frais. Ce type d'appareil est beaucoup plus adapté à un espace ouvert où la chaleur peut circuler librement. L'autonomie est assez faible, car le foyer est petit ; quant aux rendements, ils varient de 50 à 70 %. Les prix, eux, vont de 1 500 à 7 500 €. Il existe par ailleurs des cuisinières à granulés, ce qui augmente leur autonomie et améliore leur régulation.

La traditionnelle cuisinière à bois adopte aujourd'hui un look plus moderne que les cuisinières de nos grand-mères (en photo : modèle CookCook de Ruegg).

Les chaudières

Les chaudières à bûches

C'est la version la plus rustique des chaudières à bois, permettant l'alimentation d'un chauffage central et de radiateurs. La chaudière, placée en général à la cave ou dans le garage, avale des kilos de bûches. Dans certaines régions de l'Est de la France – notamment dans le Jura, le Doubs, où la ressource en bois est importante –, on trouve nombre de ces installations, certaines étant vétustes et peu performantes. Mais il existe également des chaudières à bûches récentes dont les rendements atteignent 80 %. La difficulté principale est l'alimentation, car il faut régulièrement recharger l'engin, au moins une fois par jour. Mais lorsqu'on paie le bois pas cher et qu'on a le temps de le fendre, de le ranger, etc., c'est un investissement raisonné en remplacement d'une vieille chaudière au fioul.

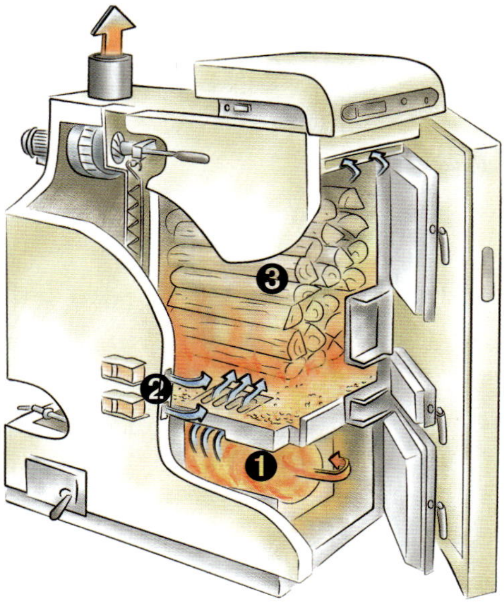

Principe de fonctionnement d'une chaudière à bûches à combustion inversée

❶ *Les flammes se développent sous la grille support du combustible.*
❷ *Arrivée d'air primaire.*
❸ *Réservoir à bûches.*

Il existe plusieurs modèles de chaudières à bûches, qui fonctionnent selon différentes techniques de combustion, notamment les chaudières à combustion horizontale ou inversée. Le tirage se fait naturellement. Le magasin à bois est séparé de la chambre de combustion : l'apport d'air est donc optimisé (rendement de 65 à 75 %). Inconvénient : ces chaudières ont une autonomie moyenne.

Les chaudières les plus récentes sont dites « à combustion inversée assistée par ventilateur » ou encore « turbo », comme les poêles. Là encore, le magasin à bois est séparé de la chambre de combustion. L'apport d'air est optimisé et régulé par un ventilateur qui augmente le rendement (de 70 à 85 %). Ces chaudières ont une combustion et une régulation contrôlées, ainsi qu'une bonne autonomie. Les émissions de polluants sont plus faibles qu'avec les autres technologies. La mise en place d'un ballon tampon est indispensable, mais l'investissement est relativement élevé (autour de 8 000 € la chaudière uniquement).

→ Les chaudières à bûches modernes sont d'un encombrement réduit, permettant une installation aisée dans une chaufferie (en photo : modèle Solo Plus de HS France).

Pour tous les types de chaudière bois, l'utilisation d'un ballon tampon d'accumulation est recommandée. Ce système permet en effet d'améliorer le fonctionnement, le rendement et la durée de vie de l'installation. Les besoins de chauffage étant largement inférieurs à la puissance de la chaudière pendant une grande partie de l'année, le ballon permet de réguler son fonctionnement et d'éviter qu'elle ne se déclenche à chaque fois que l'on tire de l'eau chaude – l'été notamment. On peut aussi coupler le ballon à une autre source de production d'eau chaude, telle que du solaire.

Les chaudières à plaquettes et à granulés

Comme nous l'avons déjà vu, les chaudières à plaquettes sont plutôt réservées aux paysans ou à ceux qui ont de grandes surfaces à chauffer, ainsi que des facilités d'approvisionnement en plaquettes. Le coût d'un tel équipement varie de 22 000 à 26 000 €.

Les chaudières à granulés répondent davantage aux besoins de celles et ceux qui souhaitent renouveler leur installation (notamment une chaudière au fioul) ou en installer une dans du neuf. Leur automatisation est aussi performante que celle des chaudières brûlant des énergies fossiles. Leur principe de fonctionnement est simple, bien que ces chaudières soient bourrées d'électronique : un silo abrite les granulés, qui sont amenés par une vis sans fin ou par un système d'aspiration dans la chambre de combustion.

Le silo peut être maçonné, en bois ou en tissu. En dur, l'idéal est une pièce rectangulaire, d'une largeur maximale de deux mètres. Par exemple, 2 m x 3 m ou 1,8 m x 3,2 m (sur deux mètres de hauteur) sont des dimensions appropriées pour éviter plus de deux livraisons dans l'année. Le volume nécessaire du silo dépend des déperditions thermiques du bâtiment et doit être calculé, idéalement, pour le stockage de l'équivalent d'une année de combustible (4 000 à 5 000 kg en moyenne pour une maison individuelle de 150 m^2 bien isolée, soit environ 6 à 7 m^3). Le dimensionnement doit également tenir compte des pertes de volume liées aux vides non exploitables. Le volume utile représente en général 70 à 80 % du volume réel. Dans une maison ancienne mal isolée,

Encourager les chaufferies collectives

Dans l'idéal, mieux vaut se chauffer grâce à un réseau de chaleur, lui-même alimenté par une chaufferie collective au bois. On mutualise ainsi les moyens et le combustible et l'on maîtrise beaucoup plus de paramètres qu'avec un appareil individuel, tels que les émissions de polluants. L'automatisation des chaudières, leur équipement en filtres performants, leur coût plus facilement amorti lorsqu'il y a plusieurs utilisateurs plaident en leur faveur. De nombreuses communes s'équipent en France de chaufferies collectives alimentées en plaquettes pour chauffer une mairie plus une salle polyvalente, quelques logements sociaux, un commerce, etc. Les montages financiers sont en général complexes, mais le jeu en vaut la chandelle. On en compte près de 500 en France (2000 en Autriche, à titre d'exemple).

il est souvent nécessaire de procéder à deux livraisons durant l'hiver, car les besoins peuvent dépasser les 7 tonnes annuelles. Il faut également prévoir une réelle accessibilité pour que le camion souffleur puisse remplir le silo (le tuyau souffleur d'alimentation du camion mesure 30 m au maximum).

À défaut d'un silo en dur, maçonné, on peut opter pour un silo en tissu vendu par le fabricant, ou encore un silo autoconstruit en bois. Les murs doivent pouvoir résister à la pression exercée par quelques tonnes de granulés, qu'ils soient en bois ou en parpaings, et une ventilation doit être ménagée pour éviter l'accumulation de poussières (sans ventilation, un fournisseur de granulés peut refuser de livrer).

L'investissement dans une chaudière à granulés est relativement élevé, entre 15000 et 20000 € l'installation complète (sans le réseau de chauffage). Mais comme tous les autres modes de chauffage au bois affichant un rendement suffisant et des émissions de CO correctes, elles bénéficient d'un crédit d'impôt de 50 % sur le matériel hors taxes, hors main-d'œuvre. Un certain nombre de collectivités territoriales accordent en outre des subventions. Aides déduites, le surcoût par rapport à une chaudière au fioul est d'environ 5000 €, selon l'association Réseau Pellets (voir les coordonnées de cette association de particuliers se chauffant aux granulés de bois p. 148), qui a scénarisé différents types d'amortissement en fonction de la consommation annuelle de granulés. Le gain du bois-énergie est d'environ 33 % par rapport au fioul (le prix de la tonne de granulés utilisé pour le calcul est de 225 € contre 0,75 € pour le litre de fioul). L'amortissement varie énormément en fonction de la quantité de granulés consommée. Plus cette quantité est faible, plus l'amortissement est long. Réseau Pellets a évalué que, pour une consommation moyenne de 4 t (dans la région Centre), l'amortissement était de onze ans, et de vingt-cinq ans pour une consommation de 3 t. La conclusion de l'association est sans appel : « Il faut abaisser ces chiffres (prix des installations, prix du granulé) si la filière veut vraiment élargir le marché au-delà des quelques particuliers soucieux de l'évolution de la planète et capables d'investir à ce niveau. »

L'autre critère déterminant dans le choix de ce mode de chauffage est la qualité du service après-vente. Le réglage, lors de la première année d'utilisation, n'est pas toujours évident, et on doit être assuré que l'installateur et surtout le vendeur prendront en charge les interventions qui permettront de trouver un rythme de croisière sans souci.

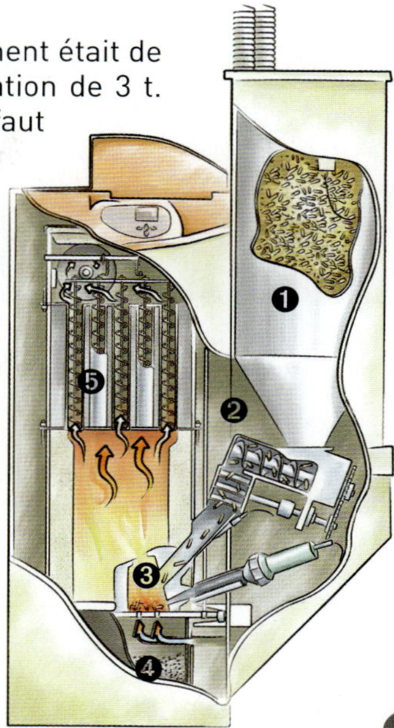

Principe de fonctionnement d'une chaudière à granulés

❶ *Réservoir à granulés.*
❷ *Vis sans fin.*
❸ *Chambre de combustion.*
❹ *Arrivée d'air de combustion.*
❺ *Système de turbulation pour dépoussiérer l'échangeur de chaleur. C'est là que les gaz de combustion échangent leurs calories avec l'eau du circuit de chauffage.*

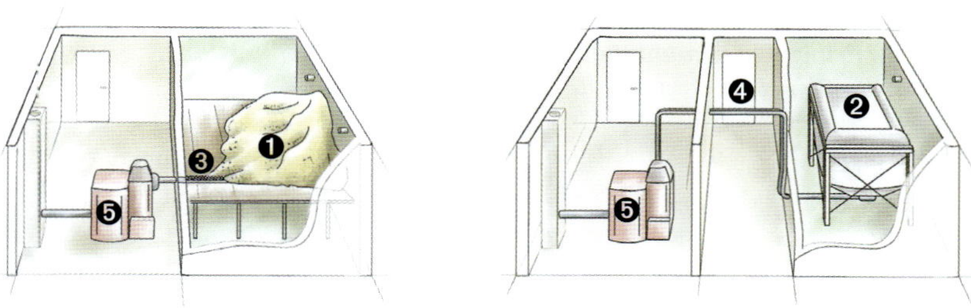

Chaudières à granulés avec aspiration depuis un silo en dur et un silo souple

❶ *Silo en dur*
❷ *Silo souple*
❸ *Système d'acheminement des granulés vers la chaudière par une vis sans fin.*
❹ *Système d'acheminement des granulés vers la chaudière par aspiration.*
❺ *Chaudière.*

Note : Si vous brûlez des céréales dans une chaudière polycombustible, il faut un conduit capable de supporter l'acidité des fumées dégagées, par exemple en céramique (voir p. 86).

Les polycombustibles

L'avantage des chaudières polycombustibles est leur capacité à se nourrir de toutes sortes d'aliments : des granulés, des plaquettes, des copeaux, des noyaux de cerise ou d'abricot, etc. Du coup, cela permet, en milieu rural, de gérer ses approvisionnements en fonction de la disponibilité de la ressource. Telle année, une coupe de bois permet de récupérer des plaquettes ; l'année suivante, c'est un voisin exploitant qui propose de récupérer des noyaux de cerise et l'année d'après, on est coincé : du coup, on achète des granulés. Exemple de prix, pour une chaudière mixte haut de gamme granulés/plaquettes/miscanthus* : 27 000 €, pour une plage de puissance comprise entre 7 et 20 kW.

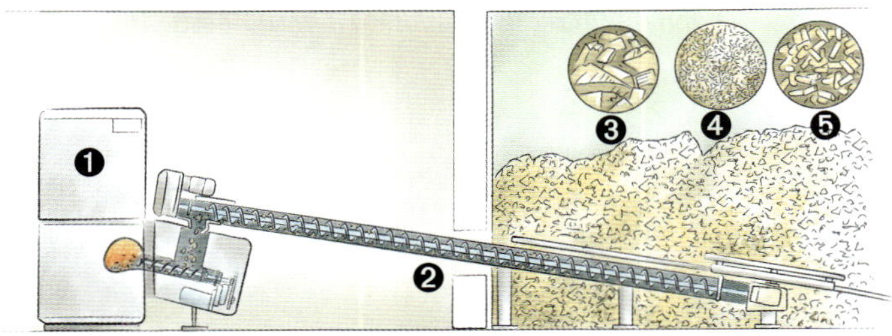

Principe d'alimentation d'une chaudière polycombustible.

❶ *Chaudière polycombustible.*
❷ *Vis sans fin qui alimente la chaudière en combustible.*
❸ *Plaquettes de bois déchiqueté.*
❹ *Céréales.*
❺ *Granulés.*

➔ La chaudière Multi-Heat de HS France fonctionne aussi bien au bois déchiqueté qu'aux granulés de bois ou aux céréales.

Les éléments de fumisterie

Qui dit poêle dit tuyaux, qui peuvent être de différentes sortes. On distingue deux types de conduit :

- les boisseaux* en matériaux lourds tels que les briques de terre cuite, la céramique ou le béton de pouzzolane ;
- les conduits en acier inoxydable.

Les boisseaux

Il s'agit de cubes, d'une dimension allant de 20 x 20 cm à 40 x 40 cm, à l'intérieur desquels se trouve un conduit maçonné dont le diamètre varie. Ils s'emboîtent les uns dans les autres et un mortier spécifique à chaque produit permet de les liaisonner. Ils peuvent être isolés (en laine de roche le plus souvent) ou non.

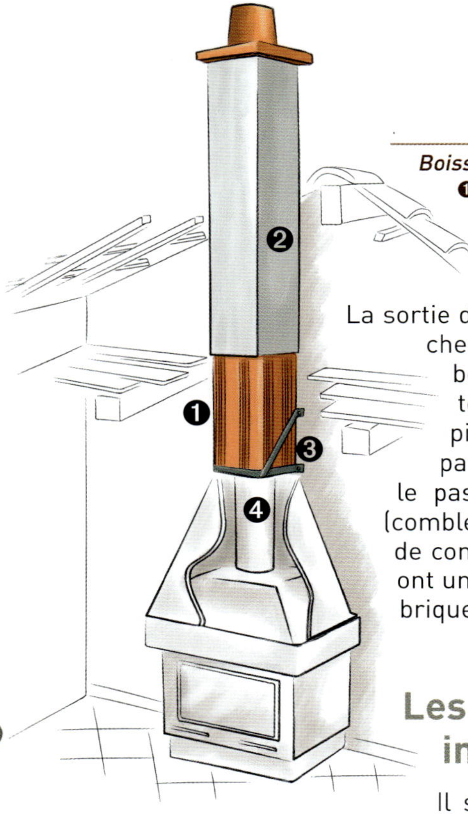

Boisseaux et traversée de toiture.
❶ *Boisseaux.*
❷ *Habillage, enduit.*
❸ *Support mural.*
❹ *Tubage des boisseaux.*

La sortie de toiture est une sortie traditionnelle de cheminée maçonnée. On peut choisir des boisseaux non isolés dans l'espace habité : ils permettent ainsi de « chauffer » les pièces traversées – une chambre à l'étage par exemple – et des boisseaux isolés pour le passage dans des espaces non chauffés (combles, toiture). On évitera ainsi la formation de condensats. La céramique et la pouzzolane ont une meilleure résistance au temps que les briques de terre cuite, mais coûtent plus cher.

Les conduits en acier inoxydable

Il s'agit de tuyaux dits « double peau » en acier inoxydable. En fait, ils sont constitués d'une double paroi et d'un isolant (laine de roche) placé dans l'interstice entre les deux « peaux ». Leur diamètre est variable.

La mise en œuvre est moins lourde que pour le montage de boisseaux. La sortie en toiture est obligatoirement un tuyau Inox-Galva, le tout couvert d'un chapeau. L'avantage des conduits métalliques est qu'ils offrent une moindre accroche aux suies. Avec ce type de conduit, la jonction entre le poêle et le conduit double peau qui arrive de l'étage peut se faire avec un conduit simple peau en acier. Privilégiez dans ce cas-là un acier de qualité et d'une épaisseur correcte (2 mm au minimum).

Conduits en acier inoxydable
❶ *Conduits double peau isolés.*
❷ *Coude de dévoiement.*

À savoir

Quelques causes possibles de mauvais tirage et de condensation :

- la hauteur de cheminée est insuffisante (il faut un minimum de 4 m) ;
- la sortie de toiture est située dans une zone de surpression ou est trop rétrécie ;
- la paroi du conduit est trop mince et mal isolée ;
- le conduit est obstrué (nid d'oiseau, pierres, etc.) ;
- le conduit est fissuré ;
- des dépôts de suie obstruent le conduit ;
- le conduit de raccordement pénètre trop loin dans le conduit de cheminée ;
- la section du conduit de raccordement est trop étroite ;
- le local de la chaudière est insuffisamment ventilé ;
- la présence d'une hotte met le conduit en surpression et crée un refoulement des gaz de combustion.

Le bon diamètre

Attention à choisir le bon diamètre de conduit de fumées. Avec un diamètre trop petit, il existe un risque de refoulement, car il n'y aura pas assez de dépression. Avec un diamètre trop grand, il peut y avoir condensation, parce que les gaz de combustion refroidissent trop vite. Et qui dit condensation dit bistre* sur les parois intérieures du conduit.

Normes et labels : comment s'y retrouver ?

Les tests d'évaluation

Tous les fabricants d'appareils de chauffage au bois doivent apposer sur leurs poêles une plaque CE (norme Communauté européenne) mentionnant le rendement de l'appareil, son taux d'émission de CO (gaz carbonique), sa puissance en kW et les normes de sécurité d'écart au feu (distance minimale entre l'appareil et le matériau combustible le plus proche). Si un vendeur n'est pas capable de vous fournir ce minimum d'informations, insistez, quitte à retourner le poêle pour trouver la plaque (qui se trouve en général sous ou derrière le poêle). Sinon, allez voir ailleurs ! En général, sur les sites Web des fabricants les plus sérieux, on trouve un maximum d'informations sur leurs appareils, parfois même les résultats de leurs tests, ou encore des fichiers sur les problèmes de pollution, la bonne manière de faire du feu, etc. Il faut absolument que les clients soient exigeants, pour inciter les fabricants à améliorer leurs systèmes de chauffage. L'achat d'un poêle à bois revêt un caractère tellement « affectif », où l'esthétisme et le prix priment souvent sur le reste, que les fournisseurs se sentent dispensés de fournir ces informations. Or tous les poêles à bûches vendus en France doivent passer par un laboratoire officiel, notifié (il en existe quatre en France).

Le protocole de test

Pour les appareils de chauffage à bûches, le protocole de test défini par la Communauté européenne est le même pour tous : c'est celui qui permet la délivrance de la norme EN 13240. Le poêle (ou l'insert, ou la cuisinière à bois, etc.) est d'abord pesé, mis en place dans la plateforme de test, raccordé à une cheminée munie d'un déprimomètre* réglé sur 12 Pa (cet appareil permet de mesurer la qualité du tirage du conduit). Le technicien calcule ensuite, par rapport à la puissance annoncée par le fabricant et par rapport à la surface de combustion, la charge de bois nécessaire pour une heure de chauffe, jusqu'à atteindre la réserve de braises (stade de combustion permettant d'ajouter des bûches pour que le feu reparte). Durant l'essai, le laboratoire mesure la température des fumées, les dégagements de CO et de CO_2, et calcule le rendement de l'appareil.

Quid du bois ? Les labos ont le choix entre trois essences : le hêtre, le bouleau et le charme, dont le taux d'humidité doit être de 16 %, avec une marge d'erreur de plus ou moins 4 %. Une première charge est introduite dans le poêle pour lancer le feu, puis une deuxième pour atteindre l'allure de régime. Ce n'est qu'à partir de ce moment-là que les mesures sont effectuées. Il est parfois nécessaire de procéder à l'introduction d'une charge supplémentaire pour confirmer des mesures. Le labo teste également la température des poignées et de l'environnement immédiat du poêle, pour valider – ou non – les normes d'écart au feu prescrites par le fabricant. Certains labos français notifiés, poussés en cela par des fabricants français qui vendent leurs poêles dans des pays imposant des seuils en matière de particules fines (les fameuses PM), s'équipent par ailleurs de systèmes pour mesurer les émissions de poussières, en s'inspirant du protocole allemand. On recueille ces poussières dans un filtre que l'on pèse pour déterminer la quantité émise en un temps donné.

L'ensemble de ces tests prend en moyenne une semaine par appareil de chauffage.

Pour les poêles à granulés ou de masse, aucun règlement n'oblige pour l'instant leurs fabricants à faire tester leurs appareils pour obtenir la norme EN 13240. Les poêles étrangers vendus en France doivent obtenir le marquage CE, mais les tests se font dans le pays d'origine, selon le même protocole, dans un labo également notifié. Le problème se corse avec les poussières puisque, comme nous l'avons déjà vu, les protocoles de test d'émissions de poussières sont loin d'être harmonisés d'un pays à l'autre. En attendant que la Communauté européenne édicte une règle s'appliquant à tous les pays membres, chacun y va de sa petite tambouille. D'un pays à l'autre, les procédures ne sont pas les mêmes ; du coup, il est difficile de comparer les résultats.

« Flamme verte », un label français

Un label n'est pas une norme, mais un gage de qualité attribué à un produit selon un cahier des charges précis.

Le label « Flamme Verte » a été créé en 2000 par l'Ademe* et certains industriels français fabriquant des appareils de chauffage au bois. Il est attribué aux appareils dont le rendement est supérieur à 70 % (poêles, chaudières à bûches, inserts, foyers fermés) et à 80 % pour les poêles et chaudières automatiques à granulés. Il faut en outre que le taux de monoxyde de carbone (CO) soit inférieur à 0,6 % du total des fumées. Ce label a eu le mérite de redynamiser le marché et d'inciter les constructeurs à aller plus loin dans la recherche de technologies de combustion efficaces. Ainsi, on trouve aujourd'hui nombre de poêles à bois bûche dont le rendement se situe entre 75 et 85 %.

Outre qu'il offre davantage de lisibilité et de transparence, le label « Flamme Verte » – tout comme le crédit d'impôt lié aux performances de l'appareil – a poussé le consommateur à s'intéresser davantage à la notion de rendement, puisque cet élément est devenu un élément déterminant dans l'attribution du crédit, et à poser les bonnes questions aux vendeurs d'appareils de chauffage. Le label devrait évoluer dans les années qui viennent et intégrer des seuils d'émission de polluants type poussières fines, HAP et COV.

♦ *Pour obtenir le label « Flamme verte », un poêle à bûches doit avoir un rendement supérieur à 70 % et un faible taux d'émission de CO.*

IV

Bien choisir et utiliser son appareil

Faire du feu, pas si simple...

Faire du feu dans un poêle, un insert, une cheminée (laissons de côté les poêles à granulés, puisqu'il suffit d'appuyer sur un bouton), est-ce si facile ? *A priori*, oui. Quelques boules de papier froissé (7 à 10 pages de journal – surtout pas de papier glacé ou publicitaire gavé d'encres), du petit bois sec (1 kg à 1,5 kg), une allumette, et c'est parti ! Généralement, les fabricants d'appareils de chauffage au bois donnent des indications *a minima* sur l'utilisation du poêle. Démarrage du feu comme énoncé ci-dessus, en laissant la porte ouverte le temps que ça prenne, première charge de bois sur le lit de braises ainsi obtenu, puis on ferme. Dans la pratique, ce n'est pas toujours aussi simple. Il arrive que, mal réveillé, l'on rate son feu de bon matin. En général, on a été avare de papier journal et de bois d'allumage, posé en outre à la va-vite. Il faut ressortir le bois déjà charbonné : on s'en met plein les mains – la journée commence super bien. Plus sérieusement : on peut vraiment améliorer la qualité de la flambée et optimiser l'usage de son appareil de chauffage en appliquant quelques règles.

▲ *Le bois brûle du haut vers le bas : c'est la technique de l'allumage inversé.*

L'allumage inversé

La manière dont on démarre un feu est déterminante pour la qualité de la combustion et, donc, pour les émissions de polluants. Moins il y a de fumées, mieux c'est. Pour cela, il faut que la chambre de combustion monte en température le plus vite possible. Il faut au préalable toujours laisser un lit de cendres au fond du poêle, ouvrir les entrées d'air et s'assurer que la clé de tirage est ouverte si le conduit en est doté.

L'association Énergie-bois Suisse préconise une technique simple : la combustion supérieure, ou allumage inversé. Le principe est le suivant : le bois brûle progressivement du haut vers le bas, contrairement à ce que l'on fait habituellement. Les gaz résiduels résultant de l'allumage se retrouvent ainsi dans la flamme incandescente et sont presque entièrement brûlés : il y a moins d'émission de particules fines (la production d'un beau panache de fumée gris-noir est synonyme d'émission).

Comment procéder ? Empilez les bûches (hêtre, charme sec) en croix (au-delà de 10 cm de diamètre, il est préférable de refendre le bois), en laissant de l'espace entre elles pour que l'air puisse circuler (voir dessin page suivante). Les plus grosses bûches seront placées en bas. Préparez ensuite quatre bûchettes sèches (résineux sec) de petite section (environ 3 cm) et de 20 cm de long ainsi qu'un allume-feu*. Placez le tout au sommet de la pile et allumez. Dans les foyers étroits et dans les poêles à accumulation, placez la section transversale vers l'avant ; dans les foyers hauts, vous pouvez dresser les bûches et placer le module d'allumage au-dessus. Si tout se passe bien, le foyer ne doit plus produire de fumées au-delà de quinze minutes.

La technique de l'allumage inversé.
❶ *Bûches les plus grosses.*
❷ *Fines bûchettes de résineux, sur lesquelles on dispose l'allume-feu.*

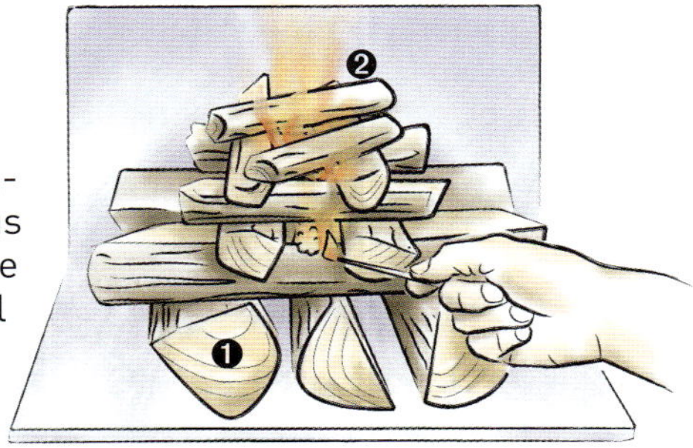

Cette technique fonctionne bien, mais prend plus de temps qu'un allumage classique papier journal + petit bois + bûches : mieux vaut donc être patient. Quant au coût de l'allume-feu, il faut compter une dizaine d'euros par mois, à raison de deux flambées par jour.

Bien nourrir son « appareil de compagnie »

Rodage

Lors de l'allumage d'un poêle neuf, il faut veiller à ne pas trop faire chauffer celui-ci pendant les deux ou trois premières flambées. Non seulement le vernis de la peinture d'usine va « cuire » encore un peu et dégager des odeurs, mais, en outre, vous risquez d'endommager l'appareil (trop forte dilatation des aciers, par exemple, ou fissurage des briques réfractaires). D'une manière générale, on ne doit jamais dépasser la plage d'utilisation de puissance donnée par le fabricant.

Ensuite, il faut recharger le feu. Là aussi, il est fort utile d'y réfléchir à deux fois avant de bourrer son poêle à tout prix. *Primo*, il ne faut jamais remplir complètement la chambre de combustion. *Deuxio*, il est préférable de pouvoir poser les bûches à plat sur le lit de braises, tout en ménageant un espace à chaque extrémité pour permettre à l'air de circuler. *Tertio*, il est fort utile de connaître à peu près le poids de ses bûches pour gérer au mieux l'alimentation du foyer. Rien ne sert de surchauffer l'appareil, au risque de le détériorer. Mieux vaut l'alimenter peu, mais régulièrement, en maintenant l'allure nominale prévue par le constructeur.

Lorsque l'on connaît la puissance de l'appareil, une formule simple permet de calculer l'apport nécessaire en bûches. Exemple avec du hêtre, sachant que la valeur calorifique de cette essence de bois est de 4 kWh (valeur donnée dans le tableau page ci-contre) et que le rendement du poêle est par exemple de 80 % :

4 kWh x 0,8 = 3,2 kWh.

Note : Il ne faut pas confondre « volume du bois » et « densité ». La plupart des bois durs étant beaucoup plus denses que les résineux, ils occupent beaucoup moins de volume. En outre, ils « tiennent » mieux la braise.

On obtient ainsi la valeur calorifique d'un kilo de hêtre dans un poêle affichant un rendement de 80 %.

Il suffit ensuite de diviser la puissance nominale donnée de l'appareil (par exemple 6 kW) par la valeur calorifique du bois calculée ci-dessus pour obtenir la quantité de bois nécessaire par heure, soit :

$$6 : 3{,}2 = 1{,}9 \text{ kg/h.}$$

On aura donc besoin de 1,9 kg de bois par heure au maximum.

Valeurs calorifiques des essences de bois (données pour du bois sec de deux ans, d'une humidité résiduelle de 15 à 17 %)

Essence	Valeur calorifique au kg en kWh	Essence	Valeur calorifique au kg en kWh
Érable	4,1	Pin	4,4
Bouleau	4,3	Mélèze	4,4
Hêtre	4,0	Peuplier	4,1
Chêne	4,2	Robinier	4,1
Aulne	4,1	Sapin	4,5
Frêne	4,2	Orme	4,1
Épicéa	4,5	Saule	4,1

Source : Attika.

Petite précaution à ne pas oublier dans la précipitation : lorsque vous ouvrez la porte du poêle pour recharger, faites-le doucement et progressivement, afin d'éviter tout refoulement de fumées et de cendres. Veillez également à ouvrir les arrivées d'air au préalable. Et, encore une fois, tâchez d'utiliser du bois bien sec (humidité < 20 %).

Gérer l'arrivée d'air

Tous les poêles, inserts, foyers fermés, poêles de masse sont conçus différemment. Dans la plupart des cas, ils disposent de deux registres* pour régler, d'une part, l'entrée d'air primaire (le starter, nécessaire au démarrage du poêle) et, d'autre part, l'entrée d'air secondaire. D'autres poêles n'ont qu'une seule entrée d'air, qui sert à la fois d'air primaire, mais qui est également déviée, grâce à des chicanes, pour brûler les gaz imbrûlés. De plus en plus, les industriels essaient de simplifier la manipulation des registres, de manière à obtenir une combustion la plus propre possible : l'arrivée d'air comporte par exemple une position starter petite flamme pour allumer le feu et une position grande flamme pour la suite de la combustion. La position « petite flamme » est conçue pour un usage à « feu continu » tout en émettant le moins de poussières possible.

Il faut réaliser quelques flambées pour « apprivoiser » son poêle et comprendre son fonctionnement.

Lorsqu'il existe deux registres, on démarre le feu avec l'arrivée d'air primaire ouverte au maximum. Une fois que le feu est bien parti, on la ferme presque complètement et l'on ouvre l'arrivée d'air secondaire, pour une bonne postcombustion. Ce même air secondaire balaie en général la vitre en vitrocéramique pour éviter les dépôts de suie. S'il existe un dépôt, c'est que le bois est trop humide, que la température de combustion est trop faible (feu couvant), le tirage insuffisant ou l'entrée d'air secondaire mal réglée. Quoi qu'il en soit, il y a toujours des phases de combustion incomplètes, tout simplement parce que l'on recharge trop tard et que le lit de braises est trop faible pour relancer une bonne combustion. Dans ce cas-là, plutôt que de laisser couver en attendant les flammes et de voir les fumées s'accumuler dans la chambre de combustion sans s'enflammer, mieux vaut remettre un peu de petit bois pour favoriser la reprise. En fait, il faut quelques jours – parfois quelques semaines – pour se familiariser avec son appareil de chauffage. Une fois que l'on a compris comment celui-ci fonctionne, se chauffer au bois devient un art de vivre, l'idéal étant aujourd'hui évidemment de produire de la chaleur en polluant le moins possible. Les poêles de masse ont ce gros avantage de ne nécessiter qu'une flambée par jour (voire deux), un feu vif et des températures élevées qui permettent une très bonne combustion – tout le contraire d'un feu continu dans un vieil appareil.

Halte au feu continu !

Le feu continu est souvent l'un des arguments de vente mis en avant par les fabricants, la notion de « feu continu » étant définie également par l'autonomie de l'appareil (entre huit et douze heures). Schématiquement, on pense qu'un poêle qui « passe la nuit » est meilleur que les autres et procure un plus grand confort d'utilisation (on le remplit en allant se coucher et l'on ferme toutes les entrées d'air pour éviter d'avoir un feu vif et ainsi obtenir des braises le lendemain matin). Oui et non. Dans une maison récente et bien isolée, ça ne sert à rien de remplir le poêle avant d'aller se coucher, simplement pour avoir de la braise au petit matin. On gaspille des kilowatts, car, durant la nuit, il n'est pas utile d'avoir 21 °C dans la maison. *Idem* si l'on s'absente toute

🠉 *Attention à la pratique du feu continu, très polluante et peu efficace.*

la journée. Nous parlons ici de logements où la seule source de chauffage utilisée est le bois bûche. Certes, il faut refaire du feu le matin. Mais on doit assumer cette contrainte du chauffage au bois bûche si l'on souhaite moins polluer.

Dans une vieille maison en pierre mal isolée, c'est effectivement plus délicat. L'alternative consiste peut-être à acheter un second poêle (à granulés, par exemple), qui permette d'avoir une température de confort minimale lorsqu'on est absent. Mais l'investissement n'est pas négligeable. Dans tous les cas, éviter, autant que possible, cette pratique qui consiste à faire couver le feu en réduisant les entrées d'air au minimum et en remplissant le foyer de bûches, surtout dans un poêle d'ancienne génération. Pollution maximale assurée et rendement évidemment très moyen.

De la même manière, il faut éviter d'acheter les poêles entrée de gamme, premiers prix, que l'on trouve chaque automne en tête de gondole dans la grande distribution du bricolage, à partir du moment où les seules informations qui figurent sur l'appareil sont en général la puissance et l'argument feu continu. Rien sur le rendement, ni sur les émissions de CO. Quant aux vendeurs, ils sont en général bien incapables de fournir ces informations. Il est préférable de dépenser un peu plus pour s'offrir un appareil labellisé « Flamme Verte ».

Que faire des cendres ?

Un appareil de chauffage au bois affichant un bon rendement, brûlant du bois sec à allure nominale, ou presque, produit très peu de cendres. L'équivalent d'un petit saladier par mois paraît être une bonne mesure pour un poêle à bûches de 80 % de rendement. En moyenne, la combustion du bois produit 1 % de cendres par rapport au poids initial du bois (dans le cas de poêles très performants ou de chaudières à granulés). Plus le combustible contient d'écorce, plus il y a de cendres. Pour les granulés, la quantité de cendres est encore plus faible. Dans tous les cas, on doit s'en débarrasser. Les cendres contiennent surtout du calcium, du silicium, du potassium et du magnésium, ce qui signifie qu'elles peuvent être utilisées comme engrais, directement dans la terre, au pied des arbres (modérément), ou encore dans le compost. Pour un usage familial, cela ne pose pas de problème. Les cendres sont par ailleurs fort utiles pour nettoyer les suies sur votre vitre : tremper une éponge humide dans le cendrier, frotter, rincer et le tour est joué. Pas la peine d'acheter des produits de nettoyage coûteux et inutiles.

Quelques éléments pour se décider

L'emplacement de l'appareil

C'est sans doute par là qu'il faut commencer la réflexion, surtout lors de l'achat d'un appareil indépendant. Une chaudière (à bûches, à granulés, à plaquettes) prendra *a priori* la place de l'ancienne, ou dans un local dédié dans une construction neuve. Le souci peut être lié à la présence d'un silo à granulés, par exemple, notamment en rénovation. Il est toujours possible d'installer le silo à l'extérieur d'un garage, d'une remise : renseignez-vous auprès des professionnels.

En neuf

Dans l'idéal, l'emplacement d'un appareil indépendant doit être plutôt central, pour pouvoir alimenter l'ensemble de l'habitation. Si la maison est de plain-pied et plutôt grande, il ne sera pas toujours possible de chauffer les pièces éloignées (à moins d'y expédier l'air chaud par un système de gaines – ce qu'il est possible de faire avec certains poêles à granulés, ainsi que les inserts et les foyers). Dans une maison sur deux niveaux, l'air devra absolument pouvoir monter à l'étage. En principe, l'air chaud va s'échapper vers le haut par les passages disponibles, comme par exemple une trémie d'escalier, à condition qu'elle soit suffisamment vaste et pas trop éloignée du poêle. On peut aussi prévoir un vide sur séjour plus ou moins important pour permettre à l'air chaud de se diffuser.

En rénovation

Le choix est beaucoup plus limité, puisqu'il faut se raccorder à l'existant. Dans une maison de village, il est pratiquement impossible de chauffer l'ensemble des pièces qui s'empilent les unes au-dessus des autres sans réaliser de gros travaux et sans toucher la structure. Les rares solutions consistent, là aussi, à pulser l'air chaud dans les autres pièces par un système de gaines (l'inconvénient étant que l'on brasse ainsi de la poussière) ou par une distribution d'eau chaude dans des murs chauffants

Un vide sur rez-de-chaussée (en haut à gauche sur la photo) permet à la chaleur de se diffuser à l'étage.

Une niche de stockage ménagée à proximité du poêle permet d'entreposer un peu de bois d'avance.

ou des radiateurs, le tout étant connecté à un poêle bouilleur. On peut aussi – si l'on ne dispose pas de suffisamment de place pour installer une chaudière – installer un poêle bouilleur qui chauffera essentiellement les autres pièces, ainsi qu'un petit poêle à bûches en complément. Mais deux conduits seront alors nécessaires (un pour chaque appareil).

Dans tous ces cas, il sera toujours souhaitable d'adosser le poêle à un mur à forte inertie, ce qui permettra de gagner de la place tout en chauffant un peu de masse. De manière générale, il vaut mieux que le conduit de cheminée passe à l'intérieur de la maison : il permettra, par exemple, de chauffer partiellement la pièce traversée à l'étage. Il peut être tout à fait opportun de placer un ventilateur au plafond, qui permettra de faire circuler la chaleur et de la renvoyer vers le bas de la pièce (et aussi de produire de la fraîcheur en été). Un ventilo doté d'au moins deux vitesses permettra de choisir le réglage, sans brasser trop d'air.

En appoint

Si le poêle, ou l'insert n'est qu'un chauffage d'appoint, on privilégiera un emplacement pas trop éloigné du canapé, par exemple, ou du lieu où l'on a tendance à recevoir les amis. Il faut cependant veiller à maintenir une certaine distance, pour ne pas mourir de chaleur en prenant l'apéritif. Si le chauffage principal est au fioul, au gaz ou électrique, vous vous apercevrez vite que votre nouvelle acquisition pourra devenir davantage qu'un simple chauffage d'appoint au vu des économies réalisées.

Lieu de stockage du bois

Lors du choix de l'emplacement, on devra également réfléchir à l'approvisionnement (en bois, en granulés), ainsi qu'au stockage dans la maison. En hiver, qu'il pleuve, qu'il vente ou qu'il neige, on n'a pas forcément envie de ressortir toutes les deux heures récupérer des bûches. Une petite niche jouxtant le poêle sera la bienvenue, pour y stocker au moins la quantité de bois nécessaire à une journée de chauffe.

Quelle puissance pour quel volume ?

Les fabricants donnent habituellement deux types de puissance pour leurs appareils de chauffage : la puissance nominale (retenue pour effectuer les tests et attribuer la norme EN 13240) et une plage d'utilisation de leurs appareils. Exemple : puissance nominale de 8 kW ; plage d'utilisation de 6-10 kW. Cela correspond à la puissance calorifique minimale et maximale à laquelle peut fonctionner le poêle dans de bonnes conditions. S'il tourne à trop faible régime, il s'encrasse, pollue, chauffe mal. Au-delà de la puissance maximale donnée par le fabricant, l'appareil peut s'abîmer (dilatation de l'acier ou autres).

Lors de votre choix, évitez absolument d'acheter un appareil trop puissant, car c'est une erreur : le poêle (ou insert, foyer fermé, etc.) ne tournera jamais au meilleur de ses capacités et de son rendement, mais plus souvent au ralenti (parce que vous aurez trop chaud), et, du coup, il produira davantage de polluants et de goudrons*. Si, au contraire, votre poêle n'est vraiment pas assez puissant, vous serez obligé de le faire fonctionner à fond en permanence, voire de le surcharger en bois, ce qui peut endommager l'appareil.

Pour vous y retrouver, prenez en compte les paramètres suivants :

- volume à chauffer (si le poêle se trouve dans une grande pièce de vie avec peu de chances pour que la chaleur monte à l'étage, tenez-en compte),
- habitudes de vie,
- qualité de l'isolation du logement.

Le ratio puissance/espace à chauffer est quantifié par les industriels, en mètres carrés ou en mètres cubes. On donne en général 40 à 100 W de puissance par mètre carré utile, soit, pour une pièce de 100 m², entre 4 et 10 kW... La fourchette est large, mais elle tient compte de la qualité de l'isolation de la maison, du contexte géographique et des habitudes de vie. D'autres professionnels donnent entre 20 et 60 W/m³, des valeurs qui sont, là aussi, fonction des critères cités plus haut. Chaque cas est particulier, et un bon professionnel devrait être capable de vous orienter en tenant compte de tous ces facteurs. S'il met trop d'empressement à vous vendre une puissance sans trop chercher à savoir comment et où vous vivez, méfiez-vous. Des ingénieurs allemands ont montré que, pour un même habitat à basse énergie, les besoins énergétiques pouvaient varier de 1 à 5 en fonction du mode de vie ! Il faut également tenir compte de la chaleur dégagée par les individus, qui varie de 80 à 120 W par heure et par habitant, en fonction du degré d'activité, ainsi que de l'équipement intérieur produisant de la chaleur (ordinateurs, four, chaîne hi-fi, etc.), qui varie aussi, selon les études, de 2,1 à 6,5 W/m². Dans l'idéal, surtout en neuf, on peut faire appel à un thermicien (associé dès le départ du projet à l'architecte) qui saura dimensionner les besoins de puissance. Ces professionnels sont d'ailleurs de plus en plus associés aux projets de maisons à basse consommation d'énergie – c'est-à-dire qui consomment moins de 50 kW/m²/an pour le chauffage.

Il est préférable, quoi qu'il arrive, de sous-dimensionner son appareil de chauffage. Quant au design de l'appareil, qui est souvent le facteur décisif lors de l'achat, sachez raison garder et privilégiez les aspects techniques. L'offre est telle aujourd'hui qu'il est assez aisé de trouver un poêle ou un insert qui soit esthétique et adapté à vos besoins.

➜ *Pour bien choisir son appareil de chauffage, il faut tenir compte aussi bien du volume à chauffer que de la disposition des lieux et du mode de vie.*

Modes de vie et chauffage

Que l'on soit frileux ou non, qu'il y ait des enfants en bas âge dans la maison ou d'autres beaucoup plus remuants, que l'on travaille régulièrement chez soi ou non, que l'habitat soit suréquipé en matériel électronique ou informatique sont autant de caractéristiques qui doivent être prises en compte lors de l'achat d'un appareil de chauffage au bois. Pour cela, il est toujours utile de se renseigner auprès d'amis ou de connaissances qui se chauffent au bois et de trouver des solutions adaptées à son propre mode de vie. Si, par exemple, toute la famille est absente de 8 heures à 19 heures et qu'elle souhaite trouver une ambiance douillette le matin et le soir, un poêle à bûches n'est pas forcément le plus adapté. Surtout si les parents rechignent à gérer les approvisionnements, à refendre le bois, etc. Si, au contraire, l'un des deux travaille régulièrement à la maison, il sera plus simple de faire du feu régulièrement et de maintenir une température agréable. Bref, le mode de vie est déterminant et mieux vaut ne pas se tromper, au risque d'être définitivement dégoûté du chauffage au bois.

Acier ou fonte ?

Faut-il privilégier l'un ou l'autre de ces matériaux ? Pratiquement tous les industriels proposent aujourd'hui des poêles à bûches soit en acier, soit en fonte. Parfois, les deux matériaux sont associés dans un même appareil, la fonte étant utilisée pour le corps de chauffe, l'acier constituant l'emballage. Le choix est affaire d'esthétisme et de mode de vie. L'acier est un matériau qui autorise plus de fantaisie en terme de créativité. La fonte donne des appareils au look plus rustique, un peu plus massif parfois, mais avec davantage d'inertie. La chaleur est diffusée plus longtemps une fois que le feu est terminé. Inversement, un poêle en acier monte plus vite en température. Lorsque l'on rentre tard le soir et qu'il faut rapidement chauffer la maison, la deuxième solution est peut-être préférable. Cela dit, les poêles en fonte atteignent assez vite une bonne température de croisière.

Pour obtenir davantage d'inertie, notamment sur les modèles acier, nombre de fabricants proposent aujourd'hui des habillages en matériaux lourds, tels que de la pierre ollaire*, de la céramique, de la stéatite, qui peuvent représenter parfois 150 kg de masse rajoutée. Le gain inertiel est réel, mais il ne faut pas non plus s'imaginer avoir ainsi un mini poêle de masse. Ces caractéristiques permettent par contre de lisser les variations de température : la montée en température est plus lente, tout comme la descente. La chaleur est plus douce et moins « violente » qu'un poêle tout acier ou tout fonte.

Lorsqu'une niche est aménagée dans le poêle, ce qui est souvent le cas des poêles-cheminées, on peut aisément y garder un plat au chaud. Attention tout de même à la qualité des matériaux – que ce soit celle de la fonte, de l'acier ou de la pierre ollaire – qui garantit une plus ou moins bonne longévité de l'appareil.

Décrypter les informations des catalogues et des sites marchands

Le premier contact avec un appareil de chauffage passe souvent par un catalogue ou un site Internet. La richesse et la pertinence des informations fournies varient énormément d'un industriel à l'autre. Force est de constater que nos voisins allemands, autrichiens, scandinaves, belges et suisses sont plus prolixes que les industriels français et moins avares de conseils. Certains sites d'industriels français se contentent d'informations parcellaires alors que, chez leurs voisins, on trouve plus d'informations sur leurs appareils, mais aussi des fiches techniques à télécharger sur la combustion, la qualité nécessaire du bois, les méthodes d'allumage du feu, etc. En revanche, très peu de sites ou de catalogues, quels qu'ils soient, affichent d'emblée les rendements de leurs appareils de chauffage, et encore moins le pourcentage d'émission de CO, bien que ces chiffres figurent obligatoirement sur l'étiquette CE de l'appareil. Il est pourtant primordial de trouver rapidement ces informations, et si jamais votre vendeur ou commercial rechigne à vous les donner, méfiance. Très souvent, on trouve rapidement la puissance de l'appareil, que ce soit sur un catalogue ou sur un site, comme si la puissance de feu était un argument déterminant. Le poids de l'appareil, son encombrement, le diamètre des sorties de fumées, la longueur des bûches apparaissent assez régulièrement. Certes, c'est important, mais le rendement et les émissions de CO sont aussi des informations utiles. Il n'y a guère que les vendeurs de poêles à granulés (sans parler des chaudières) qui affichent sans complexe les rendements de leurs appareils, qui atteignent et dépassent souvent les 90 %. Certains industriels fabricants de poêles, d'inserts et de foyers à bois bûche ne fournissent plus que des appareils dont les rendements sont supérieurs à 80 %. Dans ce cas-là, on est sûr d'acheter un appareil performant.

Quelques détails à ne pas négliger

L'appareil de chauffage que vous avez décidé d'acheter va vous accompagner un petit moment dans votre vie. Vous l'oublierez l'été, puis vous serez « obligé » de cohabiter à nouveau avec lui l'hiver. Autant que ça se passe bien. Pour cela, il n'est pas inutile d'être attentif à un certain nombre de détails. Le poêle est-il doté de chenêts* ? Sont-ils suffisamment hauts pour éviter que les cendres ne tombent à chaque fois que vous ouvrez la porte ? Celle-ci est-elle facile à ouvrir ? Est-elle pourvue d'une poignée main froide* ? Fixe ou amovible ? Si elle est amovible, assurez-vous qu'elle soit pratique d'utilisation. Le foyer est-il accessible aisément ? Facile à recharger ? Quelle taille de bûches peut-on y mettre ? Le réglage du tirage (entrées d'air primaire et secondaire) se fait-il facilement ? Le tiroir à cendres est-il pratique ou met-on des cendres partout à chaque fois que l'on souhaite le vider ? Est-ce que l'on peut poser une bouilloire sur le dessus du poêle ? Quels sont les matériaux réfractaires utilisés dans la chambre de combustion ? Les plaques thermiques de vermiculite*, de plus en plus présentes dans les appareils de chauffage au bois, ont la particularité d'être extrêmement fines tout en offrant d'excellentes propriétés pour restituer la chaleur et conserver dans le foyer une température élevée, nécessaire à une combustion propre du bois. Les briques réfractaires en chamotte* sont faites à partir de terre cuite réfractaire. Elles présentent également un excellent pouvoir réfractaire, mais prennent un peu plus de place. Ces deux matériaux s'altèrent avec le temps et les multiples chargements du poêle et finissent par laisser apparaître des microfissures. Il faut alors penser à changer ces éléments usagés, qui ne sont en général pas garantis par le fabricant, car ils sont considérés comme des pièces d'usure. D'où l'importance de ne pas jeter comme une brute les bûches dans le foyer, pour préserver ces composants le plus longtemps possible.

➜ Corvée de bûches en montagne, dans une zone difficilement accessible. Rassurez-vous : l'approvisionnement en bois n'est pas toujours aussi sportif !

V

Histoires de chauffe

1 Dans l'ancien

2 Dans le neuf

Dans l'ancien

Note : *Tous les coûts sont donnés sans le crédit d'impôt, certaines installations ayant été réalisées avant la mise en place de cette aide. Ces exemples ne sont en aucun cas des recettes, mais sont fournis à titre indicatif.*

Le meilleur moyen, pour choisir un appareil de chauffage au bois, est d'aller voir chez les autres. Pour cela, il y a les échanges, sous toutes leurs formes : forums sur Internet, discussions, salons, et ce qui suit...

Poêle à bûches dans une maison rénovée

Cette vieille maison traditionnelle en pierre, d'environ 160 m^2 habitables, est posée au milieu des vignes. Elle a été rénovée et ses fenêtres sont neuves, mais il n'y a pas d'autre isolation que les murs, de 50 cm d'épaisseur.

Situation : Savoie, coteau en fond de vallée ; 290 m d'altitude.

Description : Elle est chauffée par une chaudière au fioul récente. Lassés de payer une fortune en chauffage et désireux de pouvoir profiter d'une

← *Séchage du bois plein sud sous une dépassée de toiture.*

bonne flambée, les propriétaires ont investi dans un poêle en acier performant de 8 kW (rendement de 80 %), situé contre le mur séparant la cuisine de la grande pièce à vivre. Sachant que la chaleur aurait de toute façon du mal à chauffer l'étage, desservi par un escalier en colimaçon trop éloigné du poêle, ils se sont basés sur l'espace du rez-de-chaussée (80 m^2 sur 2,95 m de hauteur, soit 236 m^3) pour choisir ce poêle, *a priori* parfaitement dimensionné pour leurs besoins.

Style de vie : Famille dont les parents sont absents toute la journée.

Fonctionnement : En semaine, le poêle est allumé uniquement le soir, car les deux parents travaillent. Par contre, les jours de repos, il tourne toute la journée ou presque. Les propriétaires ont dû apprendre à gérer la chaudière au fioul en mode manuel, pour régler leur consommation au plus juste : elle n'est donc plus programmée que pour le matin, afin de préchauffer les lieux avant que la famille (dont trois enfants) se lève. Le reste du temps, il faut adapter le fonctionnement de la chaudière et régler le thermostat régulièrement, car comme la sonde se trouve dans la pièce principale, elle fausse les besoins en chaleur des chambres à l'étage. Dans l'idéal, il serait souhaitable d'ajouter des robinets thermostatiques pour régler le chauffage radiateur par radiateur. Quant au poêle, il fonctionne la plupart du temps à plein régime.

Bilan :

- Consommation : après deux années de chauffe, les propriétaires ont réduit de 33 % leurs approvisionnements en fioul, pour une consommation d'à peu près quatre stères de hêtre par hiver.
- Coût du poêle fourni, posé avec création de conduit (11,50 m) : 3 710 € TTC en janvier 2006 (dont 1 477 € pour le poêle seul).
- Economies : 1 000 l de fioul sur une saison de chauffe, soit 890 € (prix mars 2008), à rapprocher des 281 € de bois achetés l'hiver 2007-2008 : soit un gain en combustible de 609 € (890 — 281).

Au prix du fioul, en mars 2008 (0,89 €/l), l'installation (poêle + conduit) est amortie en six ans. Sans parler des avantages écologiques : le bois (hêtre sec) est vendu par un voisin (transport réduit), donc neutralité pour l'effet de serre et moins de polluants relâchés dans l'atmosphère, grâce à une bonne utilisation du poêle.

Le poêle à bois, judicieusement placé dans la grande pièce à vivre, permet de diminuer le recours au fioul.

↑ L'insert s'est intégré à la cheminée existante.

Insert dans une villa des années 60

Dans cette maison chauffée uniquement à l'électricité, l'installation d'un insert a permis de réduire un peu la facture !

Situation géographique : Vallée de la Seine, en Normandie.

Description : La maison est réalisée en briques alvéolées de 30 cm (enduits plâtre à l'intérieur), ce qui n'était pas courant à l'époque où elle a été construite. Sa surface est d'environ 140 m² sur deux étages, plus un grenier de 70 m². Les murs sont isolés uniquement sur les pignons du grenier (est et ouest), à la fois par l'extérieur et l'intérieur (polystyrène). Le plancher entre le grenier et l'habitation est isolé avec de la laine de verre en 200 mm d'épaisseur, et les rampants avec un complément d'isolation type réflecteur aluminium.

Style de vie : Une personne retraitée, seule dans la maison.

Fonctionnement : La propriétaire a fait installer en 2002 un insert d'une puissance de 9 kW dans la cheminée. Le chauffage reste en partie électrique, avec huit radiateurs électriques de 1 500 W.

Bilan :

- Coût de l'installation en 2002 : 2 300 € (insert + pose + tubage + chapeau de toiture).
- Consommation de bois : quatre stères par an. Prix du stère livré et rangé par le fournisseur : 39 €.
- L'insert a permis un gain de plus de 2000 kW, heures creuses et heures pleines confondues.

→ Le poêle de masse, ou stufa, a trouvé sa place près de la cuisine. Il réchauffe toute la maison.

Poêle de masse dans une grange rénovée

Cette vieille ferme rénovée en pierre du XIXe siècle a longtemps été chauffée au fioul. Ses propriétaires ont découvert les délices du poêle de masse.

Situation : Haute-Savoie, 750 m d'altitude.

Description : La maison est très bien isolée (35 cm d'isolant en plafond, 15 cm dans les murs). Elle est chauffée uniquement par une magnifique *stufa*, un poêle de masse de 1,5 t fabriqué par des artisans italiens des Dolomites. Le poêle, habillé de faïence, a été construit en une semaine et a coûté 7 000 € (au début des années 2000). Le volume ainsi chauffé est de 1 000 m^3.

Style de vie : Les propriétaires sont présents une bonne partie de la journée dans la maison.

Fonctionnement : La chaudière au fioul ne sert qu'à chauffer l'eau chaude sanitaire. La *stufa* est située du côté du coin cuisine et permet de chauffer l'ensemble de la maison, car tout l'espace séjour a été ouvert jusqu'au faîtage. Les chambres sont distribuées à l'étage depuis une mezzanine qui donne sur le séjour-cuisine du rez-de-chaussée. Les propriétaires font une flambée par jour – en général le matin –, pour une température de confort comprise entre 18 et 20 °C. Vingt-quatre heures plus tard – le lendemain matin, donc –, il reste un lit de braises dans la chambre de combustion. Une vaste cheminée est utilisée de temps à autre durant l'intersaison.

Bilan :

- Consommation de bois : 7 stères de chêne au maximum, récoltés par le propriétaire sur son terrain.

Poêle à granulés dans une maison de village

Cette maison récemment rénovée est toute en hauteur, disposée sur trois niveaux.

Situation : Moyenne montagne en Isère, 755 m d'altitude.

Description : L'espace de vie a été aménagé au dernier étage, ainsi qu'une chambre en mezzanine, afin de profiter de l'ensoleillement. L'espace sous combles est bien isolé, mais l'étanchéité à l'air est moyenne (fuites d'air liées à l'ancienneté du bâti). Le poêle est installé dans une niche ménagée dans la montée d'escalier, au niveau de l'espace de vie.

Style de vie : Famille dont les deux parents travaillent – souvent en horaires décalés.

Fonctionnement : Le poêle à granulés permet de chauffer l'espace aménagé sous les combles – d'un volume d'environ 290 m^3. Il est couplé à une sonde réglée sur 17,5 °C. Des radiateurs électriques radiants fonctionnent à l'étage inférieur pour chauffer une chambre et une salle de bains. Et que se passe-t-il lorsque, comme cela arrive dans certains villages, les microcoupures de courant sont monnaie courante l'hiver ? Le poêle à granulés continue à fonctionner malgré elles, comme la majorité de ce type de poêles (mais nous ne les avons pas tous passés en revue). Quant aux poêles programmables, ils gardent généralement leur programmation en mémoire, même après une longue coupure électrique.

Bilan :

- Consommation : pour passer l'hiver avec une température constante de 18 °C, la consommation en granulés est de 2,3 tonnes.
- Coût de l'installation : 3 800 € (poêle + conduit).
- Entretien : les propriétaires nettoient le mâchefer sur le brûleur tous les quinze jours. Ils ont essayé trois marques différentes de granulés avant de trouver la bonne – c'est-à-dire ceux qui produisent le plus de chaleur et le moins de mâchefer.
- Le réservoir du poêle permet une autonomie de vingt-quatre à trente-six heures, l'hiver, en fonction de l'ensoleillement et de la température extérieure.

➜ *Le poêle à granulés situé dans la montée d'escalier permet de chauffer la pièce à vivre ainsi que sa mezzanine.*

Le poêle en fonte double combustion permet de chauffer une partie du rez-de-chaussée.

Poêle à double combustion dans une longère bretonne

Cette maison toute en longueur, mal isolée, comporte aussi un chauffage central au gaz.

Situation : Sud-Finistère.

Description : Deux cheminées sont présentes au rez-de-chaussée, dans deux pièces séparées par un escalier et un hall d'entrée. Voici trois ans, les propriétaires ont installé un poêle en fonte double combustion de 7 kW (rendement de 76 %) dans une des cheminées, qu'il a fallu tuber et fermer par une plaque en acier pour garder l'air chaud. Le poêle chauffe très bien la pièce dans laquelle il se trouve ainsi que le couloir attenant, mais pas du tout l'étage. Comme l'espace est très cloisonné, il est très difficile de faire circuler la chaleur d'une pièce à l'autre.

Style de vie : Famille dont les deux parents sont absents toute la journée.

Fonctionnement : En hiver, les locataires font tourner la cheminée et le poêle quasiment tous les soirs en semaine et le poêle toute la journée le week-end. La chaudière à gaz est réglée à 15 °C en journée, de façon qu'elle ne se déclenche pas quand la maison est vide (à moins qu'il ne fasse exceptionnellement froid) et à 19 °C le matin et le soir, quand les occupants sont présents. Ils la baissent à nouveau dès que le poêle et la cheminée ont produit leur chaleur.

Bilan :

- Consommation de bois : trois cordes (soit 9 stères) à 160 € la corde, soit 600 € d'économie par an par rapport au gaz.
- Prix du poêle + installation : 1 928 € ;
- Volume chauffé : 635 m^3.

Poêle double combustion dans une maison provençale

Cette petite maison de 70 m² habitables se trouve au pied de la Sainte-Baume, dans un vallon où il gèle régulièrement l'hiver.

Situation : Provence, près d'Aubagne.

Description : C'est une bâtisse en parpaings dont les murs ont été doublés à l'intérieur avec du liège, sur 40 mm d'épaisseur. Une extension en bois vient coiffer l'existant (la toiture est isolée avec 80 mm de liège également). Elle est chauffée avec un poêle à bois en fonte double combustion d'une puissance de 5 kW et d'un rendement d'environ 70 %.

Style de vie : Présence quotidienne de l'un des deux parents.

Fonctionnement : La période de chauffe est assez courte (4 à 5 mois) et la maison bénéficie de bons apports solaires. Un radiateur électrique d'appoint se trouve dans la chambre la plus éloignée du poêle. La maison n'est pas un modèle d'étanchéité à l'air et, lorsque le mistral souffle, la ventilation se fait assez bien.

Bilan :

- Coût du poêle raccordé à un conduit existant : 600 €.
- Consommation : 2 stères de résineux coupés sur le terrain et 2 stères de chêne achetés, soit un total de 4 stères, pour 120 €.

Ce poêle au look un peu rétro abrite cependant un système moderne de double combustion, permettant un rendement d'environ 70 %.

Chaudière à granulés et poêle à bois dans un chalet d'altitude

Ce vieux chalet à ossature bois des années 30 est mal isolé, avec des fenêtres présentant une très mauvaise étanchéité à l'air. Sa chaudière à mazout méritait d'être remplacée...

Situation : Vercors, 1 100 m d'altitude.

Description : L'habitation bénéficie peu des apports solaires en hiver, et sa surface habitable est assez conséquente (200 m^2). La chaudière à granulés a été installée il y a deux ans, en remplacement de la vieille chaudière à mazout (datant de 1931 !). Un petit poêle à bois scandinave en fonte de 8 kW (rendement de 80 %) a en outre été raccordé à une ancienne cheminée : il permet de chauffer les deux tiers du rez-de-chaussée. Pour améliorer les performances du bâti, il faudrait reprendre toute l'isolation de la maison et changer les fenêtres pour espérer un gain thermique conséquent et ainsi brûler moins de granulés et moins de bûches. Mais le coût de tels travaux est assez décourageant.

Style de vie : Les propriétaires sont absents la plupart du temps en semaine.

Fonctionnement : La chaudière assure l'essentiel du chauffage, mais le poêle à bois tourne tous les soirs et le week-end.

Bilan :

- Consommation en 2007 : 11 t de granulés (la chaudière produit également l'eau chaude), 6 stères de bois récoltés sur le terrain (essentiellement du résineux).
- Coûts granulés : 2 090 €. En équivalence fioul, le coût aurait été, pour 5 000 l de fioul (prix mars 2008), de 4 450 € ; gain : 2 360 €.
- Coût d'installation de la chaudière : 20 000 €.
- Coût du poêle : 1 500 €.
- Entretien : le décendrage doit se faire tous les quinze jours en plein hiver. Ayant négligé de le faire une fois, le propriétaire a faussé la grille, qu'il a fallu changer (150 €)... Le ramonage et le nettoyage de la chaudière coûtent environ 150 € par an. Ajoutez à cela 150 € de maintenance électronique tous les trois ans et vous aurez une petite idée des coûts annexes. D'où l'importance d'être très attentif au service après-vente proposé. Si l'installateur est un bon professionnel – ce qui est le cas ici –, pas de souci ;

La chaudière au fioul, ancienne, était extrêmement polluante. Le gain s'évalue également en termes de « bénéfice écologique » : moins d'émission de polluants autour de la maison.

➔ *C'est sûr, il ne doit pas faire très chaud, dans cet immense chalet de montagne !*

375 CCR 38

Poêle bouilleur à granulés et murs chauffants

Ce gîte de moyenne montagne sert de lieu d'accueil pour des stages, des cours de danse, de chant, etc.

Situation : Drôme, 475 m d'altitude.

Description : L'espace est isolé au nord et au sud avec soit de la fibre de bois (10 cm), soit un mélange chaux-chanvre (10 cm). Malgré une grande surface vitrée à l'ouest, les apports solaires sont inexistants au plus fort de l'hiver. La toiture est isolée avec 23,5 cm de ouate de cellulose. Des murs chauffés, sur une surface de 14 m^2, équipent la pièce principale du gîte, d'une superficie de 200 m^2, dans laquelle se trouve aussi le poêle bouilleur à granulés qui les alimente, d'une puissance totale de 11,5 kW et d'un rendement de 85 %. Les tuyaux des murs chauffés, en polyéthylène de 16 mm, sont fixés sur des canisses, elles-mêmes enduites de terre. Le poêle bouilleur alimente également six radiateurs de 1 kW, placés dans des chambres d'hôtes.

Style de vie : Présence quotidienne dans la maison.

Fonctionnement : Le poêle bouilllleur ne tourne pas systématiquement tous les jours, mais uniquement lorsque des stages ou des cours ont lieu dans la grande pièce où il est installé. Le rayonnement direct du poêle ne représente qu'un kilowatt, ce qui signifie que le poêle n'est pas vraiment chaud, l'essentiel de sa puissance étant dédié aux murs chauffants et aux radiateurs. La température de croisière (de 19 à 21 °C) est atteinte au bout de deux heures.

Bilan :

- Coût de l'appareil : 3 500 €, hors installation.
- Coût des murs chauffants : au minimum 100 € HT par kW, murs finis (4 m^2/kW), en posant soi-même les canisses, puis les tuyaux et enfin l'enduit.
- Entretien : décendrage et aspiration des poussières dans le poêle une fois par semaine. Nettoyage des cuves du bouilleur une fois par mois.

La photo ci-contre montre un détail des tuyaux fixés sur des canisses enduites de terre, laissés ici à l'air libre, en guise de démonstration.

Le poêle bouilleur à granulés, situé dans la grande pièce, alimente entre autre des murs chauffants.

Le propriétaire trouve le confort thermique excellent et le système particulièrement adapté en rénovation. Sa seule réserve : les chambres d'hôtes sont difficiles à chauffer lorsqu'il fait vraiment froid. Il eut fallu un bouilleur un peu plus puissant.

On peut très bien envisager d'installer ce genre de combinaison dans une vieille maison de village. Avec les murs chauffants, on fait « d'une pierre deux coups », puisqu'il faut reprendre l'existant et enduire de terre les murs recevant les circuits d'eau chaude. Il faut bien sûr correctement dimensionner le bouilleur, qui peut être alimenté par des bûches ou des granulés. Le propriétaire de cette installation a testé trois marques de granulés, dont une en grande surface, qui ne fournissait aucune indication sur son produit. C'était les moins bons.

Dans le neuf

Poêle performant et ossature bois bien isolée

C'est le cas que je connais le mieux, puisque c'est chez moi : une ossature bois bien isolée, bénéficiant d'apports solaires relatifs du fait de la présence de grands arbres sur le terrain.

Situation : Isère, 755 m d'altitude.

Description : La maison fait 115 m^2 habitables, pour environ 350 m^3 sur deux niveaux. Elle est très bien isolée, en ouate de cellulose (14 cm dans les murs, 24 cm en toiture, 19 cm en plancher). Les espaces intérieurs ont été pensés autour de la source de chauffage : un unique poêle (acier) de 8 kW (rendement de 81 %), placé au centre du rez-de-chaussée qui n'est pas du tout cloisonné. Un vide sur RDC de 3 m^2 permet de chauffer sans problème les chambres et la salle de bains à l'étage. Le poêle n'est pas directement placé sous le vide, mais à environ 1,5 m de celui-ci. Il est entouré d'un mur en brique de terre crue dont la masse avoisine les 600 kg (voir photo p. 131.)

◆ *Les formes design des poêles à bois nouvelle génération leur permettent de s'adapter aux habitats les plus modernes.*

Style de vie : Pas de présence quotidienne dans la maison, sauf le matin et le soir.

Fonctionnement : Le poêle est allumé le matin et le soir, en fonction des apports solaires. Avec un petit - 5 °C à l'extérieur mais par temps ensoleillé, le poêle n'a besoin de tourner que le matin. Si le temps est couvert, il faut l'entretenir modérément (petites bûches ou chutes) pour maintenir une température de confort de 21 °C. Le choix d'un poêle en acier n'est pas dû au hasard : absent toute la journée, j'ai souhaité pouvoir chauffer rapidement la maison lors de mes retours. Si l'absence, l'hiver, se prolonge quelques jours, la température tombe à 13 °C dans la maison. Au bout de deux heures de chauffe, il fait à nouveau autour de 20 °C dans l'espace de vie. Le poêle tourne la plupart du temps à sa puissance nominale ; pas de feu continu. Pas de bois dans le poêle la nuit – éventuellement une belle bûche de hêtre de 50 cm avant d'aller se coucher. Sans chauffage la nuit, avec des températures extérieures négatives (entre - 1 ° et - 10 °C), la maison perd environ 4 à 5 °C en l'espace de huit à dix heures.

Bilan :

- Consommation annuelle : environ 3,5 stères de hêtre et de frêne secs durant l'hiver 2007-2008, y compris quelques chutes de résineux (Douglas, épicéa, mélèze) ;
- Coût du poêle : 3 400 € ;
- Installation : 1 700 € (conduit double peau, sortie de toiture, etc.).

Pour un confort encore accru, je pourrais, pour bénéficier au maximum de l'inertie du mur qui entoure le poêle et emmagasiner de la chaleur, remplacer mon poêle en acier, qui fonctionne essentiellement en convection, par un poêle en fonte (ou habillé de pierre), qui rayonnerait vers cette masse. Je pourrais aussi placer dans le coin bureau un poêle à granulés qui maintiendrait une température minimale. J'ai d'emblée refusé une installation de chauffage central – trop coûteuse par rapport au projet constructif et au budget.

L'idée du poêle de masse m'a effleuré, mais, d'une part, l'investissement est important et, d'autre part, j'ai eu peur de ne pas pouvoir réguler la température comme je le voulais du fait de l'inertie. Exemple : température négative la nuit, neige. T° dans l'espace de vie à 23 heures : 20 °C (feu mourant). T° à 7 heures le matin : 16 °C. T° extérieure : 0 °C. Un petit feu de bon matin pour remonter à 20 °C, puis, une fois la température atteinte, je ne rajoute plus de bois en attendant que le soleil prenne le relais, aux alentours de midi.

Difficile, avec un poêle de masse, de doser la quantité d'énergie nécessaire, d'autant plus qu'au moment où le poêle donne toute sa puissance (deux ou trois heures après la flambée), le soleil donne lui aussi toute sa puissance de chauffe. *A contrario*, un poêle de masse dans une ossature bois est une bonne réponse à l'inertie moyenne de ce type d'enveloppe (le bois est un matériau peu inertiel – beaucoup moins en tout cas que le béton, la brique de terre crue ou cuite, etc.).

Le poêle à bois est entouré d'un mur en briques de terre crue, qui apporte de l'inertie.

Poêle de masse en complément d'une chaudière fioul

Cette maison à ossature bois, vieille de dix ans, était uniquement chauffée au fioul jusqu'à l'hiver 2006-2007, avec une consommation de 2 500 l par an.

Situation : Vercors, 1 100 m d'altitude.

Description : La maison, d'une surface de 130 m^2 et d'un volume de 330 m^3, est une ossature bois en forme de L, avec une partie habitable sous les combles. Elle est isolée en laine minérale (10 cm dans les murs, 10 cm en toiture). Les propriétaires ont installé un poêle de masse d'une tonne, avec une chambre de combustion allemande, de très bonne qualité. Le poêle est en brique réfractaire.

Style de vie : Présence quotidienne de l'un des deux parents dans la maison, deux à trois jours par semaine.

Fonctionnement : Les occupants de la maison font environ deux flambées par jour – une troisième s'il fait très froid ou s'il y a un fort vent froid. Ils sont très satisfaits sur le plan fonctionnel, mais attirent notre attention sur la contrainte suivante : quelqu'un doit être présent pour fermer les volets d'air et de fumées (ce qui permet de charger la masse avec les calories des fumées ainsi conservées) après chaque flambée d'une heure. Flambée donc de 6 h 45 à 7 h 45, pour pouvoir fermer les volets avant de partir travailler. L'un des propriétaires travaille deux à trois jours par semaine chez lui, ce qui faci-

↑ *Le poêle de masse, d'un look ici très sobre, complète la chaudière au fioul.*

lite la gestion du poêle. Quant au confort, il le juge exceptionnel – notamment dans un rayon de 4 m autour du poêle, du fait du rayonnement. La température de confort est de 20 °C dans la pièce principale et de 17-18 °C dans les autres pièces. La chaudière au fioul est réglée pour fonctionner *a minima*, en fonction de la présence ou non des habitants.

Bilan :

- Coût du poêle de masse : 7 000 € (fourni, posé, avec une bonne part d'autoconstruction).
- Consommation de fioul avant l'installation du poêle : 2 500 l par an, dont 20 % pour l'eau chaude (quatre personnes), soit 2 000 l pour le chauffage seul.
- Consommation de l'hiver 2007-2008 : 800 l de fioul et 5 st de bois.
- Economies réalisées : 768 € (prix du fioul en mars 2008 et le stère à 60 €). Le poêle est amorti en un peu plus de neuf ans.

Poêle à granulés et poêle à bois

Cette maison récente est une ossature bois (sapin) autoconstruite par le propriétaire.

Situation : Moyenne montagne ; 800 m d'altitude.

Description : Cette maison est isolée en fibre de bois (16 cm dans les murs, 24 cm en toiture). La surface habitable avoisine les 170 m^2. La maison est équipée de deux appareils de chauffage : un poêle à bûches d'une puissance de 7 kW, pour un rendement de 73 %, placé au centre du rez de chaussée, et un poêle à granulés, situé au rez-de-chaussée également, un peu plus à l'écart.

Style de vie : Présence quotidienne de l'un des deux parents.

Fonctionnement : Les deux poêles fonctionnent chaque jour, en général très peu de temps, voire quelques heures au plus fort de l'hiver, pour une température intérieure de confort de 20 °C minimum. Pour s'affranchir de la corvée de bois, il suffit d'appuyer sur le bouton marche du poêle à granulés. Lorsque tout le monde est présent à la maison le week-end, c'est surtout le poêle à bûches qui fonctionne.

Bilan :

- Coût du poêle à granulés : 6 040 € TTC + 1 225 € d'installation et d'accessoires.
- Coût du poêle à bois : 1 670 € + 1 017 € de conduit (installation réalisée par le propriétaire).
- Consommation de bûches : un petit stère en 2007-2008 ; consommation de granulés : 825 kg.
- L'entretien du poêle à granulés est peu contraignant. Le décendrage se fait tous les quinze jours ; la production de mâchefer est faible ; la coupelle qui reçoit les granulés dans la chambre de combustion est facile à sortir et à nettoyer avec un petit goupillon livré avec le poêle.

Ce double système permet de s'affranchir d'un chauffage central tout en apportant un bon confort à l'utilisateur, pour un coût moindre.

← Le poêle à bûches est placé au centre du rez-de-chaussée. Un muret de briques a été édifié à proximité, afin d'apporter un peu d'inertie.

Poêle à bois et parpaings

Cette maison a été autoconstruite en 2006/2007.

Situation : Moyenne montagne en Isère, 755 m d'altitude.

Description : La maison est en parpaings. L'isolation intérieure est en laine minérale, polystyrène, ouate de cellulose, chanvre, pour une surface de 140 m^2. Le pignon nord est sur-isolé (18 cm), hormis une petite chambre (10 cm). Un unique poêle à bois de 8 kW (rendement de 80 %), habillé de pierre naturelle (150 kg), est adossé à un mur porteur en parpaings. Une grande trémie d'escalier, très proche, permet de chauffer l'étage où se trouvent les chambres.

Style de vie : présence quotidienne de l'un des deux parents.

Fonctionnement : Les propriétaires jouent sur l'ouverture des portes des trois chambres pour chauffer plus ou moins celles-ci. Ils consomment à peu près six à sept stères de bois dur par an. La maison bénéficie de bons apports solaires.

Bilan :

- Coût de l'installation (pose poêle + tubage de la cheminée maçonnée en boisseaux) : 5 300 € en 2007, dont 4 200 € pour le poêle.

Un plancher chauffant a été prévu, en attente dans la dalle béton. Les propriétaires pourront choisir de le raccorder plus tard à une source d'énergie, une chaudière à granulés par exemple ou, pourquoi pas, du solaire thermique.

➜ Le poêle à bois est habillé de pierre naturelle, qui lui apporte davantage d'inertie.

Chaudière à plaquettes dans une maison en chanvre

Les propriétaires de cette maison, en partie autoconstruite en 2002, sont très militants et attachés à la valorisation des ressources locales. C'est pourquoi ils ont choisi de se chauffer aux plaquettes forestières, qui sont issues de coupes voisines.

Situation : Moyenne montagne, 820 m d'altitude, forte exposition au vent dominant du nord.

Description : La maison (surface habitable de 209 m^2 ; volume de 440 m^3), bien exposée au sud, est construite en briques de chanvre de 30 cm d'épaisseur. La toiture est isolée avec 25 cm de chénevotte*. La chaudière à plaquettes fonctionne de manière assez régulière tous les deux jours (de 16 h à minuit l'hiver et de 17 h à 19 h l'été) : elle produit l'eau chaude sanitaire, qui comprend l'alimentation du lave-vaisselle et du lave-linge, ainsi que celle du chauffage central.

Style de vie : Présence quotidienne de l'un des deux parents.

Fonctionnement : La chaudière est alimentée en plaquettes produites par le propriétaire lui-même, à partir de pins sylvestres qu'il prélève dans des prairies colonisées par cette essence, afin de remettre celles-ci en pâture pour des chevaux. Après être resté un an en forêt, le bois est stocké durant encore un an verticalement,

Les plaquettes sont stockées dans les combles du garage de l'habitation, d'où elles descendent par une trémie dans un silo intermédiaire attenant à la chaudière (photo page ci-contre).

sous abri, avant d'être déchiqueté. Le propriétaire fait venir le broyeur chaque année : les plaquettes obtenues sont alors projetées dans les combles du garage, qui fait office de silo. Une trappe dans le plancher permet d'amener les plaquettes dans un silo de stockage intermédiaire de 1,5 m^3 attenant à la chaudière (photo ci-dessous). Il faut veiller, lors du broyage, à ne pas mélanger bois vert et bois sec, au risque d'encrasser sérieusement le conduit, comme ce fut le cas ici la première année.

La chaudière affiche une plage de puissance de 12 à 40 kW (on trouve aujourd'hui des chaudières à plaquettes de puissance plus faible), pour un rendement de 70 %. Le dernier bilan de consommation fait état de 40 MAP pour 16 mois. Un poêle double combustion de 7 kW (rendement de 79 %) est installé dans la pièce de vie, au rez-de-chaussée, comme appoint. Les propriétaires y brûlent six stères de résineux (épicéa et pin), pour une température de confort de 22 °C.

Bilan :

- Coût de l'installation : 8 250 € (chaudière) + 1 750 € (pose).
- Prix du poêle à bois : 2 500 €.
- Le broyage prend à peu près trois heures et coûtait en novembre 2007 442 € pour 26 m^3 (contre 285 € l'année 2006 pour le même volume). À cela, il faut ajouter le prix du bois et la location du tracteur pour sortir celui-ci. Au total, on arrive à 24 €/m^3/an, avec un gros travail fourni par le propriétaire pour récolter, rentrer et sécher le bois.

Ce mode de fonctionnement apporte une réelle indépendance énergétique – sans parler du plaisir et de la convivialité qu'il y a à produire soi-même son combustible. S'y ajoute un intérêt financier, surtout si la chaudière, comme ici, permet d'alimenter le lave-vaisselle et la machine à laver le linge : ce sont autant de kilowatts nucléaires économisés. Quelques inconvénients demeurent : le volume de stockage nécessaire, la disponibilité de celui qui souhaite produire lui-même les plaquettes ainsi que sa capacité d'anticipation, car il faut faire sécher les billons* durant deux ans avant de les broyer. Le produit est en outre relativement poussiéreux.

Conclusion

Fin mars 2008. L'hiver n'en finit pas de se terminer, ici, en montagne, et le stock de bois sec continue à diminuer dangereusement. Une petite flambée le soir et une petite flambée le matin suffisent à maintenir une température confortable dans la maison. Je ne regarde plus le poêle ni le bois que je brûle tout à fait du même œil depuis l'écriture de cet ouvrage. Se chauffer au bois – notamment au bois bûche – est tout un art. Il faut apprivoiser son poêle, l'observer, l'écouter. Jauger la qualité du bois et la quantité nécessaire. Il y a quelque chose de très gratifiant à se chauffer écologiquement avec du bois que l'on a soi-même récolté dans les forêts alentour, puis coupé à la bonne longueur, refendu et entreposé pour le séchage : un sentiment assez agréable de ne pas être dépendant d'un grand fournisseur d'énergie pour son chauffage, où l'on repense à l'argent dépensé en électricité, en fioul ou en gaz pour chauffer des espaces mal isolés, mal exposés. Même dans ces cas-là, des alternatives existent : c'est un

poêle à granulés, ou à bûches. Couplé à un bouilleur, éventuellement, pour chauffer des murs. Les techniques sont éprouvées ; il reste juste à trouver le bon matériel, sans se laisser aveugler par de beaux discours. Prendre le temps d'échanger avec d'autres personnes, de visiter des installations – notamment pour ce qui est du chauffage aux granulés.

En fait, le chauffage au bois dans du neuf ne pose pas trop de problèmes : s'il est anticipé, les choix peuvent se faire relativement facilement. Mais l'on doit se poser les bonnes questions : Quelle enveloppe chauffe-t-on ? Quelles contraintes est-on prêt à accepter ? Quel est l'appareil le mieux adapté à mon mode de vie (sédentaire ou mobile) ?

C'est beaucoup plus compliqué dans le bâti ancien, comme nous l'avons vu tout au long de ce livre. Dans l'idéal, il faudrait dans ces cas-là penser le chauffage en même temps que le renforcement de l'isolation et de l'étanchéité à l'air pour diminuer les besoins en kilowatts. C'est certes beaucoup moins plaisant de lâcher quelques milliers d'euros – voire quelques dizaines – dans une reprise complète du bâtiment. C'est plus compliqué aussi : on doit trouver des artisans capables de le faire. Poser un poêle va beaucoup plus vite. Il faut faire des choix, des compromis. La rénovation de l'ancien et l'amélioration des performances thermiques des vieux bâtiments, c'est le grand chantier des décennies à venir. Le chauffage au bois y a toute sa place, du fait des nouvelles techniques d'automatisation qui le rendent facile d'utilisation, de l'abondance de la ressource en bois, de son coût compétitif par rapport à toutes les énergies fossiles et par rapport à l'énergie nucléaire – à condition que l'on progresse très sérieusement en termes d'émission de polluants. C'est là son talon d'Achille, et il est aujourd'hui primordial que les pouvoirs publics s'attaquent sérieusement au problème, que les industriels fassent encore des progrès et que nous, particuliers, apprenions à utiliser correctement des appareils performants pour que ce mode de chauffage écologique ne devienne pas un problème de santé publique. De la même manière qu'il est nécessaire de rénover l'ancien pour diminuer les besoins en énergie, il devient vital de remplacer les vieux appareils très rapidement pour diminuer drastiquement les émissions de polluants. Le chauffage au bois s'en portera mieux – et nous aussi !

Glossaire

Acrotère : muret de rehausse sur les toitures-terrasses, de 20 cm de haut en général.

Affouage : coupe de bois communale attribuée par tirage au sort aux habitants d'une commune.

Allume-feu : petite briquette inflammable de la taille d'un domino, permettant de s'affranchir du papier journal pour allumer un feu.

Allure nominale : puissance du poêle donnée par le fabricant, à laquelle sont effectués les tests pour le marquage CE (EN 13240).

Appareils indépendants : tous les appareils, à l'exception des chaudières (poêles à bûches, à granulés, cuisinières à bois, inserts, foyers).

Aubier : partie extérieure du bois, sous l'écorce, de couleur différenciée du cœur (ou duramen), la plus sensible aux insectes et aux champignons.

Billes : ce qu'il reste de l'arbre, une fois celui-ci abattu et ébranché.

Billons : rondins de bois de 2 m de long, destinés en général aux usines de pâte à papier.

Bistre : dépôt noir se formant à l'intérieur d'un conduit de cheminée lors d'une mauvaise combustion du bois et pouvant s'enflammer s'il y a accumulation (également appelé « suie », « goudron »).

Bois d'éclaircies : coupes de bois résultant d'un éclaircissement (prélèvement d'arbres pour en favoriser d'autres), effectuées dans une forêt.

Boisseaux : éléments en terre cuite, que l'on maçonne les uns sur les autres, en les emboîtant, pour construire une cheminée.

Châblis : arbres au sol, tombés à cause d'un coup de vent.

Chamotte : terre argileuse réfractaire cuite.

Chenêts : pièces en fonte utilisées dans un âtre pour y poser les bûches, tout en ménageant une circulation d'air sous le feu.

Chénevotte : chanvre hâché menu, servant d'isolant en vrac, ou dans la confection de briques.

Chevêtre : passage réalisé dans un plancher (en bois, en béton) ou une toiture pour y faire passer une cheminée maçonnée ou un conduit métallique.

Convection : distribution de chaleur obtenue lorsque l'air froid est réchauffé en circulant dans un corps chaud (par exemple dans la double paroi d'un poêle à bois).

Déprimomètre : appareil permettant de mesurer le tirage dans un conduit (mesures effectuées en unités Pascal).

Double flux : ventilation mécanique contrôlée dotée d'un échangeur thermique. Celui-ci permet de capter les calories de l'air vicié extrait et de préchauffer l'air frais entrant nécessaire au renouvellement de l'air dans une maison.

Doublepeau : conduit métallique doté d'une double paroi isolée.

DTU : **documents techniques unifiés** édictant les règles de mise en œuvre des matériaux.

Duramen : cœur du bois, partie la plus dure et la plus résistante.

Écart au feu : distance minimale à respecter entre un appareil de chauffage au bois, un conduit d'évacuation des fumées et le matériau combustible le plus proche.

Enstérer : ranger le bois en stères.

Faîtage : partie la plus haute d'une habitation, qui porte la toiture.

Grumes : billes de bois.

Hérisson : outil permettant le ramonage des conduits, en fibres synthétiques ou en métal.

Hors sève : période végétative (hivernale) pendant laquelle l'arbre est au repos et la circulation de sève faible.

Houppier : partie haute des branches d'un arbre.

Hydroaccumulation : stockage d'eau chaude dans un gros ballon, permettant de restituer celle-ci plus tard, notamment lorsque la chaudière est arrêtée.

Ignifuge : matériau résistant au feu.

Mâchefer : dépôt noir et solide résultant de la combustion des granulés de bois (à l'origine, le mâchefer désigne des scories poreuses issues de la combustion du charbon).

Miscanthus : le miscanthus, ou herbe à éléphant, est une graminée vivace d'Asie du Sud-Est au pouvoir calorifique élevé, qui ne produit pas de mâchefer lors de sa combustion.

Pied de toit : bas du toit, là où se trouvent les chenaux en général.

Pierre ollaire : minerai très tendre, composé essentiellement de talc (appelé également « stéatite » ou « pierre à savon »), à forte capacité thermique.

Pierre réfractaire : pierre à forte accumulation thermique, résistant à de très hautes températures.

Poignée main froide : poignée d'ouverture d'un poêle qui reste froide malgré la chaleur de l'appareil.

Pyrolyse : phénomène de combustion du bois pendant lequel celui-ci se décompose et se transforme en gaz.

Rayonnement : diffusion de la chaleur par accumulation dans des masses lorsque les infrarouges rencontrent ces matériaux (briques de terre, béton, etc.).

Registre : tirette permettant de régler les entrées d'air d'un appareil de chauffage au bois.

Réglementation thermique : elle doit inciter les maîtres d'ouvrage et maîtres d'œuvre à prendre en compte toutes les possibilités d'amélioration de la performance énergétique (isolation et ventilation notamment) de l'habitat dans un cadre technique précisé par les textes.

Rémanents : chutes de bois (branchages notamment) restées au sol après une coupe de bois.

Stéatite : voir « pierre ollaire ».

Taillis sous futaie : forme de gestion d'une forêt qui conserve un taillis (de petits arbres) sous des arbres beaucoup plus grands. Le taillis est récolté régulièrement pour le bois de chauffage.

Tirage : différence de pression dans un conduit d'évacuation des fumées, qui permet une plus ou moins bonne combustion du bois.

Vermiculite : silicate d'alumine et de magnésie. Elle est d'origine naturelle, mais produite par chauffage à des températures telles que le matériau ne fond pas mais se dilate.

Carnet d'adresses

Poêles de masse

- www.ecofeu.com
- www. nunnauuni. com
- www.poele.com (Hiemstra)
- www.poelesmartien.com
- www.tulikivi.fr

Poêles à bois bûche, foyers, inserts

- www.attika.ch
- www.ruegg-cheminee.com
- www.deville.fr
- www.stuv.be
- www.jotul.com
- www.barbas.nl/fr
- www.boisenergie.fr
- www.hase.fr
- www.rmbfrance.fr

Poêles et chaudières à granulés

- www.wanders.tm.fr
- www.poeleagranule.com
- www.rika.at/fr/pelletofen
- www.okofen.fr
- www.guntamatic.com
- www.hsfrance.com
- www.arcole-fr.com (poêles mixtes bûches/granulés)
- www.froeling.com/fr/

Poêles bouilleurs

- www.edilkamin.com
- www.cashin-france.com
- www.jolly-mec.it

Fabricants de conduits métalliques

- www.dinak.com
- www.poujoulat.fr
- www.detandt.be

Fabricants de boisseaux terre cuite, pouzzolane

- www.lanive.fr
- www.imerys-structure.com

Combustibles

- www.nfboisdechauffage.org
  Le site de la norme NF bois de chauffage en France.

- Réseau Pellet
  Réseau Pellet est un collectif de particuliers, tous utilisateurs de chaudières automatiques à granulés en Poitou-Charentes. Ce réseau favorise les groupements d'achat, contribue à une meilleure information de chaque utilisateur, mutualise et partage les informations, les questions, les problèmes et les solutions trouvées. Il fait entendre la parole des utilisateurs pour contribuer au développement de cette filière. Contact : reseaupelletpc@free.fr

- www.boisdechauffage.com
  Une démonstration pertinente de la valorisation du bois, qui explique comment on part des grumes pour arriver aux granulés en valorisant l'ensemble de la matière brute.
- www.climamaison.com
  Site consacré au confort thermique, avec un dossier conséquent sur le bois-énergie.
- www.boisdechauffage43.fr
  Site de vente de bois de chauffage basé en Haute-Loire (informatif et bien documenté).
- www.bois-de-chauffage.net
  Un portail sur le chauffage au bois (notamment sur les différents combustibles), bien fait.
- www.buchotheque.fr
  Certes, c'est un peu gadget et « bobo » : un panier à bûches que l'on peut mettre dans le poêle une fois que toutes les bûches qu'il contenait y sont passées. Mais l'idée est originale et peut trouver foyer à sa mesure dans les villes, pour un usage récréatif. Le panier (contenance de 21 l, poids de 12 kg) est fabriqué à partir de sciures et de copeaux agglomérés, sans adjuvant toxique, et peut donc être brûlé sans dommage.

Sites institutionnels

- www.anah.fr (Agence nationale de l'amélioration de l'habitat)
  l'Anah a pour objet d'aider à l'amélioration des logements locatifs privés.
- www.ineris.fr (Institut national de l'environnement industriel et des risques)
  l'Ineris a pour mission l'évaluation et la prévention des risques accidentels ou chroniques pour l'homme.
- www.itebe.net (Institut technique européen du bois-énergie)
  L'association œuvre pour le développement du bois-énergie en France, sous toutes ses formes, depuis de nombreuses années. C'est un relais vers de nombreux sites.
- www2.ademe. fr (Agence de l'environnement et de la maîtrise de l'énergie)
  Beaucoup de conseils et d'informations, un guide pratique du chauffage au bois en ligne et des conseils. L'Ademe est à l'origine du label « Flamme Verte ».

- www.mddep.gouv.qc.ca/air/chauf-bois/index.htm
  Site officiel du ministère du Développement durable, de l'Environnement et des Parcs québécois. Beaucoup d'infos intéressantes, notamment sur les problèmes de pollution.
- www.epa.gov (Environmental Protection Agency)
  L'EPA a pour mission de protéger la santé humaine et l'environnement aux États-Unis.
- www.flammeverte.org
  Le site officiel du label « Flamme Verte ».
- www.onf.fr (Office national des forêts)
  L'ONF gère les forêts publiques françaises et promeut le développement du bois énergie.
- www.enr.fr (Syndicat des énergies renouvelables)
  Il compte 300 entreprises ou associations d'entreprises ayant des activités relevant des filières énergie éolienne, géothermique, photovoltaïque, solaire thermique, hydraulique, bois-énergie, biocarburants et autres filières de la biomasse.

- www.energie-bois.ch
  Association militant en Suisse pour le développement du bois-énergie. Beaucoup d'informations sur le site sur les émissions de particules.
- www.cstb.fr (Centre scientifique et technique du bâtiment)
  Le CSTB délivre, entre autres, des avis techniques sur des produits, des procédés et des équipements nouveaux.
- www.ctba.fr (Centre technique du bois et de l'ameublement)
  Le CTBA propose de l'information, des publications, des conseils, des prestations de formation concernant notamment les différents usages du bois. voir FCBA
- www.cler.org
  C'est une association qui rassemble des professionnels de toutes les filières concernées par l'architecture et la construction écologiques.
- www.observ-er.org (Observatoire des énergies renouvelables)
  L'Observatoire informe et promeut le développement des énergies propres.

Forums de discussion

- http://batirsain.free.fr
  Un forum intéressant sur toutes sortes de sujets qui touchent à l'architecture et à la construction bioclimatique et écologique, mais fonctionnant sous forme d'envoi et d'échange d'e-mails quotidiens, ce qui impose une certaine gymnastique.
- http://forums.futura-sciences.com/forum110.html
  Un forum de très bonne tenue, foisonnant, sur la construction bioclimatique, le chauffage et les énergies renouvelables.
- www.maisons-et-bois.com/discussions
  Un « post » y est consacré au chauffage au bois.

Revues, magazines

- **La Maison écologique**
  Excellente revue bimestrielle consacrée à l'habitat écologique, menant des enquêtes fouillées sur différents aspects, notamment les énergies renouvelables et les différents modes de chauffage.
  www.la-maison-ecologique.com
  Tél. : 02 99 37 06 96.
- **Systèmes solaires, l'observateur des énergies renouvelables**
  Bimestriel assez pointu qui aborde essentiellement les questions relatives au solaire, au bois-énergie, à l'éolien.
  www.energies-renouvelables.com
  Tél. : 01 44 18 00 80.
- **Les 4 Saisons du jardin bio**
  Revue bimestrielle consacrée au jardinage bio, comme son nom l'indique, mais également aux énergies renouvelables. En kiosque et sur abonnement.
  www.terrevivante.org
  Tél. : 04 76 34 80 81.
- **Habitat naturel – Construire et vivre sain**
  Magazine bimestriel consacré à l'habitat écologique et aux ressources renouvelables.
  www.habitatnaturel.fr
  Tél. : 01 69 42 29 25.

Index

A

B

C

M

N

O

P

R

S

terre vivante

30 ans d'expérience dans l'écologie pratique

Une mise en pratique des techniques de jardinage bio, d'habitat écologique, au Centre de démonstrations et d'expérimentations terre vivante, ouvert au public.

Une maison d'édition pas comme les autres...

Le magazine des *4 Saisons du jardin bio* traite du jardinage biologique sous tous ses aspects et aborde d'autres questions d'écologie pratique.

Des livres spécialisés sur le jardinage bio, l'habitat écologique, l'alimentation saine, la santé, les enjeux de société...

terre vivante
L'ÉCOLOGIE PRATIQUE

terre vivante, Domaine de Raud, 38710 Mens
info@terrevivante.org - www.terrevivante.org

Déjà parus aux Éditions Terre vivante

Bâtir écologique
Chronique d'une construction en bois
Emmanuel Carcano

L'isolation écologique
Conception, matériaux, mise en œuvre
Jean-Pierre Oliva

La conception bioclimatique
Des maisons confortables et économes
Jean-Pierre Oliva et Samuel Courgey

Guide des énergies vertes pour la maison
Patrick Piro

Fraicheur sans clim'
Le guide des alternatives écologiques
Thierry Salomon et Claude Aubert

La conception bioclimatique
Des maisons confortables et économes
Jean-Pierre Oliva et Samuel Courgey

Maisons écologiques d'aujourd'hui
Claude Aubert, Jean-Pierre Oliva, Antoine Bosse-Platière

Habitat groupé
Écologie, partage, convivialité
Christian La Grange
(parution novembre 2008)

Fosse septique, roseaux, bambous ?
Comment traiter ses eaux usées
Sandrine Cabrit-Leclerc

L'eau à la maison
Mode d'emploi écologique
Sandrine Cabrit-Leclerc

Imprimé en région Rhône-Alpes, sur papier certifié, fabriqué à partir de pâte à papier issue de forêts exploitées en gestion durable. L'encre utilisée est à base d'huiles végétales.

L'imprimerie adopte une démarche environnementale progressiste validée par la marque Imprim'vert.

PEFC/10-31-1564

Achevé d'imprimer en France par Vasti-Dumas à Saint-Étienne
N° V003717-00 - Dépôt légal : janvier 2010